Das persönliche Geburtstagsbuch

für

_____

29. Juli

Das persönliche Geburtstagsbuch

29. Juli

Herausgegeben von Martin Weltenburger
nach einer Idee von Christian Zentner

Autoren und Redaktion:
Hademar Bankhofer, Dr. Reinhard Barth,
Friedemann Bedürftig, Lieselotte Breuer,
Mathias Forster, Hansjürgen Jendral,
Thomas Poppe, Günter Pössiger,
Vera Roserus, Sabine Weilandt

Bildbeschaffung:
Redaktionsbüro Christian Zentner

Mit (SZ) gekennzeichnete Beiträge:
Mit freundlicher Genehmigung der Süddeutschen Zeitung.
Sollten in diesem Band Beiträge von noch geschützten Autoren und
Übersetzern aufgenommen worden sein, deren Quellen nicht nachgewiesen sind, so bitten wir die Besitzer dieser Rechte, sich mit dem Verlag
in Verbindung zu setzen.

© 1983 Verlag »Das persönliche Geburtstagsbuch GmbH« München
Alle Rechte vorbehalten
Satz: IBV Lichtsatz KG, Berlin
Druck und Bindung: May + Co Nachf., Darmstadt
Printed in Germany

Wilhelm Busch

EINLEITUNG

Der Weise, welcher sitzt und denkt
Und tief sich in sich selbst versenkt,
Um in der Seele Dämmerschein
Sich an der Wahrheit zu erfreun,
Der leert bedenklich seine Flasche,
Nimmt seine Dose aus der Tasche,
Nimmt eine Prise, macht hapschie!
Und spricht: »Mein Sohn, die Sach ist die!

Eh' man auf diese Welt gekommen
Und noch so still vorliebgenommen,
Da hat man noch bei nichts was bei;
Man schwebt herum, ist schuldenfrei,
Hat keine Uhr und keine Eile
Und äußerst selten Langeweile.
Allein man nimmt sich nicht in acht,
Und schlupp! ist man zur Welt gebracht.
Zuerst hast du es gut, mein Sohn,
Doch paß mal auf, man kommt dir schon …

Du wächst heran, du suchst das Weite,
Jedoch die Welt ist voller Leute,
Die dich ganz schrecklich überlisten
Und die, anstatt dir was zu schenken,
Wie du wohl möchtest, nicht dran denken.
Und wieder scheint dir unabweislich
Der Schmerzensruf: Das ist ja scheußlich!

Doch siehe da, im trauten Kreis
Sitzt Jüngling, Mann und Jubelgreis,
Und jeder hebt an seinen Mund
Ein Hohlgefäß, was meistens rund,
Um draus in ziemlich kurzer Zeit
Die drin enthaltne Flüssigkeit
Mit Lust und freudigem Bemühn
Zu saugen und herauszuziehn.
Weil jeder dies mit Eifer tut,
So sieht man wohl, es tut ihm gut …

Mein lieber Sohn, du tust mir leid,
Dir mangelt die Enthaltsamkeit.
Enthaltsamkeit ist das Vergnügen
An Sachen, welche wir nicht kriegen.
Drum lebe mäßig, denke klug.
Wer nichts gebraucht, der hat genug!«

So spricht der Weise, grau von Haar,
Ernst, würdig, sachgemäßig und klar,
Wie sich's gebührt in solchen Dingen;
Läßt sich ein Dutzend Austern bringen,
Ißt sie, entleert die zweite Flasche,
Hebt seine Dose aus der Tasche,
Nimmt eine Prise, macht hapschie!
Schmückt sich mit Hut und Paraplü,
Bewegt sich mit Bedacht nach Haus
Und ruht von seinem Denken aus.

INHALT

9
Prominente Geburtstagskinder
Geboren am 29. Juli

Es geschah am 29. Juli
Ereignisse, die Geschichte machten

58
Chronik unseres Jahrhunderts
Welt- und Kulturgeschichtliches von 1900–1980

65
Prominente und Ereignisse
der Geschichte im Bild

73
Unterhaltsames zum 29. Juli

98
Das persönliche Horoskop
*Astrologische Charakterkunde
für den unerschütterlichen und optimistischen
Löwen*

114
Die Geburtstagsfeier
Viele Anregungen und ein köstliches Geburtstagsmenü

120
Glückwunschgeschichte
zum 29. Juli

123
Zitate und Lebensweisheiten

127
Die Heilige des Tages
Geschichte und Legende

129
Persönlicher,
immerwährender Kalender

Prominente Geburtstagskinder

Geboren am 29. Juli

Francesco Mochi (1580)
Simon Dach (1605)
Karl Graf von Piper (1647)
Anton von Swab (1702)
Peter Heß (1792)
Karl Blechen (1798)
Alexis Charles Graf von Tocqueville (1805)
Wilhelm Griesinger (1817)
Georg Kerschensteiner (1854)
Helene Klostermann (1858)
Benito Mussolini (1883)
Ernst Reuter (1889)
Eyvind Johnson (1900)
Hermann Esser (1900)
Dag Hammarskjöld (1905)
Erhard Arnold Scheid (1907)
Franz Kneissl (1921)
Ingrid Krämer-Gulbin (1943)

Francesco Mochi (1580)

Italienischer Maler

Mochi erhielt seine erste Ausbildung bei dem florentinischen Maler Santi di Tito, dann in Rom bei dem vicentinischen Bildhauer Camillo Mariani. 1612 bis 1630 war er in Piacenza tätig, wo er an den Reiterbildern für Alessandro und Ranuccio Farnese arbeitete, mit denen er einen neuen Typus des Reiterdenkmals begründete. Hauptwerk der zweiten römischen Periode ist die Figur der hl. Monika in der Vierung der Peters-Kirche. Im Alter entfernte sich Mochi immer mehr von der herrschenden Tendenz in der römischen Skulptur. Spätwerke sind die *Taufe Christi* (Rom, Museo di Roma), die Thaddeus-Statue in Orvieto sowie die Figuren der Heiligen Petrus und Paulus (Rom, Porta del Popolo). († 1654)

Simon Dach (1605)

Deutscher Dichter

In Memel als Sohn eines Tolke (Dolmetscher) geboren, ist Dach schon in jungen Jahren viel herumgekommen, besuchte die Schulen in Königsberg, Wittenberg und Magdeburg, bis er 1626 in Königsberg Student wurde. 1639 wird er Professor an der Universität. Früh tritt er mit eigenen Dichtungen hervor und wird der Mittelpunkt eines um H. Albert sich sammelnden Kreises, der nach Art italienischer Akademien sich poetischen Übungen widmete. In Alberts »Kürbshütte« kam man gern zusammen und nannte sich nach diesem Versammlungsplatz. Dachs

Dichtung ist vorwiegend Gelegenheitsdichtung, aber er findet neue Töne, seiner warmherzigen Natur weiß er

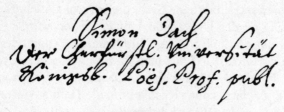

Signatur Simon Dachs

vielfach Ausdruck zu geben. Zum 100jährigen Jubiläum der Königsberger Universität schrieb er das Schaustück *Sorbuisa-Borussia*. († 19. 4. 1659)

Karl Graf von Piper (1647)
Schwedischer Staatsmann

Der aus kurländischer Familie stammende, in Schweden geborene Staatsmann hat im Nordischen Krieg eine einflußreiche Rolle gespielt, wenn er sich auch gegen die Eigenwilligkeiten des jungen Karl XII. nicht immer durchsetzen konnte. Unter Karl XI. erlebte er den Höhepunkt seiner politischen Tätigkeit, man sah in ihm die rechte Hand des Königs, vor allem in den Fragen der Innenpolitik. 1679 erhielt er den Adel, Karl XII. ernannte ihn zum Königlichen Rat und erhob ihn in den Grafenstand. Bei Poltawa war er in Feindeshand gefallen, und am 29. Mai 1716 ist er in Schlüsselburg gestorben.

Anton von Swab (1702)

Schwedischer Bergmann

Geboren in Falun, legte Swab die bergwissenschaftliche Prüfung an der Universität Upsala ab und wurde 1723 Auskultant beim Berg- und Hüttenamt Stockholm. Er arbeitete dann fast 10 Jahre lang auf Bergwerken in Norwegen, Finnland, Deutschland, Österreich, Italien und England. Nach seiner Rückkehr in die Heimat wurde er 1736 Bergmeister des südlichen Bezirks. 1740 gründete er eine Aktiengesellschaft zur Gewinnung von Steinkohle in Schonen und errichtete das erste Goldbergwerk in Schweden. Er erfand ein Verfahren zur Herstellung von Zink aus Zinkblende und führte auf dem Silberbergwerk in Sala ein neues Schmelzverfahren ein, auch war er der erste, der Schlacke zum Bau von Wohnhäusern verwandte. 1748 wurde er zum Assessor, 1857 zum Bergrat ernannt, 1751 war er geadelt worden. († 28. 1. 1768)

Peter Heß (1792)

Deutscher Maler

Bis 1817 malte Heß nur kleinere Bilder ländlichen und militärischen Inhalts, dann trat er mit einem größeren, der *Schlacht von Arcis-zur-Aube* auf; 1820 folgte *Die Verteidigung der Kinzigbrücke bei Hanau durch den General von Pappenheim*. 1833 begleitete er den König Otto nach Griechenland und zeichnete hier unter anderem dessen Einzug in Nauplia, den er 1835 in einem großen, an Bildnissen reichen Gemälde ausführte. 1839 folgte er einem

»Die Schlacht bei Leipzig«. Nach einem Gemälde von Peter Heß

Ruf des Kaisers Nikolaus nach Petersburg und Moskau und stellte in acht großen Schlachtenbildern die Hauptereignisse von 1812 dar. In den Arkaden des Münchener Hofgartens führte er mit seinem Gehilfen Nilson 39 Fresken aus der Geschichte der Befreiung Griechenlands vom türkischen Joch aus. Seine Gemälde sind durch lebensvolle Auffassung und treffliches Kolorit ausgezeichnet. († 1871)

Karl Blechen (1798)

Deutscher Maler

Karl Blechen war eines jener unglücklichen Talente, die unbewußt ihrer Zeit voraneilen, dann aber früh erlöschen und sich nicht erfüllen können. Sein *Zerstörender Blitzschlag* wurde zum Sinnbild seines Lebens. Sein Vater, ein Steuerbeamter, stammte aus Regensburg, seine Mutter aus dem bayerischen Franken. Im Jahre 1817 kam Blechen nach Berlin, wo er sich zuerst im Bankfach betätigte und erst, als seine Begabung sich zeigte, seit 1822 die Akademie besuchte. Eine entscheidende Reise führte ihn 1823 nach Dresden zu Dahl und zu C. D. Friedrich. Im Jahre darauf verheiratete er sich mit Henriette Boldt, und gleichzeitig begann seine Tätigkeit als Bühnenmaler am Königstädter Theater. Für die Szenerie wurde Schinkel sein Vorbild, aber in der Erfindung und Empfindung folgte er C. D. Friedrich, dem er sich verwandt fühlte. Das *Verschneite Tal* von 1825 zeigt die glückliche Vereinigung von romantischer Vedute und romantischer Naturerfassung. Im *Semnonenlager* von 1828 gab er erstmals seiner heimatlichen Liebe zu den märkischen Waldseen Ausdruck. Die Italienreise vom Herbst 1828 bis Herbst 1829, über die er ein nüchternes Tagebuch führte, brachte seine malerische Sinnlichkeit zum Erwachen. Überall suchte er das Farbige des südlichen Lebens, den hellen Alltag der italienischen Welt, und willig überließ er sich den augenblicklichen Eindrücken der sonnigen Erde und des blauen Meeres. Als er aber nach seiner Rückkehr seine lichten Bilder vom Golf von Spezia, von Assisi, von Subiaco, der Villa d'Este, von Castell Gandolfo und von Capri in Berlin ausstellte, wurde er, weil er nicht ideal malte, verständnislos abgelehnt. Er aber wollte nicht »unkundigen Augen frönen«. Trotz seines Mißerfolges erhielt Blechen 1831 die Professur für Landschaftsmalerei an der Akademie. Nach einer Harzreise von 1833 wandte er sich wieder der romantischen Richtung seiner Anfänge zu und malte nun Burgen, Ruinen, Schluchten, Klöster und Mönche. Als sich die ersten Anzeichen einer geistigen Erkrankung zeigten, sollte ihm eine Erholungsfahrt nach Paris Beruhigung bringen, aber schon nach kurzem verfiel er einer unheilbaren Umnachtung, und seit 1837 war er in Anstalten untergebracht. In den Bildern von den Gärten, Dächern und Wolken von Berlin oder in dem *Hüttenwerk von Neustadt-Eberswalde* erscheint er als ein Vorläufer Menzels in der malerischen Bescheidenheit der Naturwiedergabe. Wo Blechen die Schranken der Vedute überwindet, bringt seine Kunst überraschende Einfälle und Entdeckungen hervor, und sein kleines Bild mit einem ruhenden Faun ist wie eine Vorahnung von Böcklin. († 23. 1. 1840)

Alexis Charles Graf von Tocqueville (1805)

Französischer Schriftsteller und Politiker

In unseren Tagen haben die glänzenden Analysen Tocquevilles wieder Bedeutung gewonnen, nicht nur, weil dieser vielerfahrene Kronzeuge eine philosophische Theorie der Demokratie aufgebaut, sondern auch, weil er die Gefahren ausgewiesen hat, die aus der Demokratie selbst für das Staatsganze erwachsen können. In Tocqueville verbanden sich Geist und politische Praxis miteinander, er war kein Parteidoktrinär, sondern ein objektiver Beurteiler der politischen Zustände. Mitglied der Académie Française, Außenminister, Mitglied der Nationalversammlung, opponierte er gegen das Bürgerkönigtum Louis Philippes wie auch später gegen Napoléon III., der ihn vorübergehend inhaftieren ließ. Nachdem er 1831/32 im Auftrag der französischen Regierung Amerika bereist hatte, um das Gefängniswesen zu studieren, bewies er mit seinem vierbändigen Werk *La démocratie en Amérique,* daß er nicht nur Zuchthäuser besichtigt, sondern im Geiste Montesquieus die gesamte Regierungsform der amerikanischen Demokratie unter die Lupe genommen hatte. Das Werk wurde preisgekrönt. Die Februarrevolution von 1848 gab ihm den Anlaß, über die Bedeutung der sozialen Bewegung nachzudenken – das Buch *Souvenirs* bewahrt die Ergebnisse auf. Von hier aus war nur ein Schritt zu seinem zweiten Meisterwerk *L'ancien régime et la Révolution*. Hier untersuchte er mit unbestechlicher philosophischer Sachlichkeit die Veränderung des französischen Staatswesens im 18. Jahrhundert, die schließlich zum Ausbruch der großen Revolution von 1789 führte. Damit steht Tocqueville in der ersten Reihe der großen politischen Beobachter und staatsmännischen Denker. Nach dem Staatsstreich Louis Napoléons, der mit Blut und Terror die Demokratie ins Kaiserreich verwandelte, zog sich Tocqueville ins Privatleben zurück. († 16. 4. 1859).

Wilhelm Griesinger (1817)
Deutscher Arzt

Der gebürtige Stuttgarter Griesinger studierte in Tübingen und Zürich Medizin. Nach seiner Promotion assistierte er in der Irrenanstalt Winnenthal; seine dort gesammelten Erfahrungen beschrieb Griesinger in dem berühmten Lehrbuch *Pathologie und Therapie der psychischen Krankheiten*. Bevor er sich 1865 in Berlin niederließ, um die Leitung der psychiatrischen Universitätsklinik zu übernehmen, praktizierte und lehrte der erfolgreiche Mediziner in Stuttgart, Kiel, Kairo, Tübingen und Zürich. Der Aufenthalt in Ägypten veranlaßte Griesinger zu seinem 2. Hauptwerk *Infektionskrankheiten*. Darin beschreibt er erstmals die *Febris recurrens* als typhoide Krankheitsform und liefert genaue Darstellungen über die Ätiologie der Cholera, des Darm- und Fleckfiebers und der Malaria. Auf dem Gebiet der Psychiatrie war Griesinger zeit seines Lebens bestrebt, die Behandlungsmethoden zu verbessern und die wissenschaftliche Ausbildung zu reformieren. Als Befürworter und Förderer des *No-restraint-systems,* das er in England in seinen positiven Auswirkungen kennengelernt hatte, mußte sich der große Gelehrte mit vielen Autoritäten auseinandersetzen. Seinen Hoffnungen und Entwürfen, seinen Arbeiten und Kämpfen war jedoch ein unerwartet frühes Ende beschieden: Griesinger starb an den Folgen einer kleineren Operation am 26. 10. 1868.

Georg Kerschensteiner (1854)
Deutscher Pädagoge

»Von allen Kindern der Welt!« sagte bewegt einer der Trauergäste, als er am Sarge des am 15. Januar 1932 heimgegangenen Honorarprofessors Georg Kerschensteiner einen Kranz niederlegte. Der weite Weg bis zur internationalen Anerkennung seines Werkes war dem Verewigten nicht leicht gemacht worden. Bevor er als Münchner Stadtschulrat und Mitglied des Reichstages die Wirkungsmöglichkeiten erhielt, die der Kraft seiner Persönlichkeit und dem Umfang seiner Reformpläne entsprachen, mußten nicht wenige feindliche Etappen überwunden werden. Bereits dem Gymnasialassistenten in Nürnberg und dem Mathematiklehrer am Gustav-Adolf-Gymnasium in Schweinfurt erschlossen sich immer umfassendere Gebiete der erzieherischen Welt.

Sie begannen Gestalt anzunehmen, als Kerschensteiner am 1. August 1895 ins Münchner Magistratskollegium berufen wurde. Ausgangspunkt für sein unbeirrbares Schaffen wurde ein neuer, aufgelockerter Lehrplan für die Volksschulen. Aus der achten Klasse, die bisher freiwillig war, machte er eine Pflichtklasse. Da er aus der Praxis wußte, wie wenig über Lesen, Schreiben und

Rechnen hinaus in den Köpfen haften blieb, die manuellen Neigungen aber zum Grundzug der jugendlichen Seele zu gelten haben, gruppierte er erstmals um die Lernfächer der Schlußklassen den erzieherisch bedeutsamen und zugleich berufsvorbereitenden Werkunterricht in Holz- und Metallbearbeitung für die Knaben, Schulküchen und Schulgärten für die Mädchen. Die fast stürmische Entwicklung der Klassen gab ihm recht. Bis zu der heute selbstverständlichen Idee, dieser Berufsvorbereitung eine berufsausbildende Schule anzuschließen, war es für Kerschensteiner kaum mehr als ein Schritt. Sechs Jahre später stand mit 52 Berufsschulen das Werk sichtbar vor den letzten Gegnern.

Helene Klostermann (1858)

Deutsche Lehrerin und Schriftstellerin

Unter den Frauen, welche die Lehren Fröbels weitertrugen, steht Helene Klostermann an hervorragender Stelle. 1858 in Messina geboren, wo ihr Vater als angesehener Kaufmann lebte, wuchs sie in die Kultur der klassischen Zeit hinein. Nach dem Tode der Mutter lernte sie ihre deutsche Heimat kennen und trat in den Gedankenkreis Fröbels. Nachdem sie das Lehrerinnenexamen abgelegt hatte, nahm sie eine Stellung in einer vornehmen englisch-irischen Familie an und reiste mit ihr nach Südamerika, wo sich ihr neue Welten auftaten. Nach Europa zurückgekehrt, übernahm sie die Leitung des Fröbelinstituts in Rom, und es begannen für sie Jahre reichster erzieherischer Aufgaben.

Ihre pädagogische Reformarbeit setzte sie in Deutschland fort, als ihr durch Erbschaft das Fröbelinstitut in Bonn zugefallen war; das Institut wurde Mittelpunkt ihres Lebens. In England machte sie die Bekanntschaft geistig bedeutender Menschen, die in Verbindung mit der Kaiserin Friedrich standen, jener Frau, die sich um die geistige Entwicklung der deutschen Frauen außerordentlich verdient gemacht hat. So kam sie auch mit den Führerinnen der Frauenbewegung in Berührung und blieb mit ihnen in einem fördernden Gedankenaustausch. Sie schrieb Bücher für Kinder und andere Schriften und nahm sich im ersten Weltkrieg mit ihren Schülerinnen der Familien der Kriegsteilnehmer an. Zuletzt lehrte sie auf der Insel Rügen, widmete sich der Sammlung der verstreuten Fröbel-Archivalien und stellte eine Übersicht über sein Leben und Schaffen auf. Der Anbruch der Ära des Nationalsozialismus erfüllte sie mit großer Sorge. Sie starb, ehe er sein zerstörerisches Werk vollenden konnte, am 27. Mai 1935, von vielen betrauert, die ihr den eigenen Lebensinhalt verdankten.

Benito Mussolini (1883)

Italienischer Politiker

»Alle Welt glaubt, daß ich vierundzwanzig Stunden am Tag der Duce bin. Wenn ich der gleichen Meinung wäre, würde ich verrückt werden. Ich brauche ein Mindestmaß an Entspannung, an Ruhe, um mich zu erholen und meine Identität zu bewahren. Ich bin kein Roboter, ich bin nicht mit Italien verheiratet, wie Hitler mit Deutschland... Wenn ich nach Hause komme und meinen Hut an die Wand hänge, werde ich ganz einfach Herr Mussolini«. Das sind die Worte eines Mannes, der zwanzig Jahre an der Macht war, mit Hitler einen Pakt schloß, den Faschismus mitbegründete, der als Diktator, als Duce in unserer Erinnerung lebt, in die Geschichtsbücher eingegangen ist.

Wer war dieser »Herr Mussolini«? Rachele Guidi, die Frau, die Mussolini heiratet, nachdem sie ihm schon fünf Kinder geboren hat (unter Sozialisten war die Ehe damals verpönt), in ihren Erinnerungen: »Wenn ich meinem Stolz nachgeben wollte, so würde ich behaupten, daß von allen Frauen, die Mussolini im Arm gehalten hat, nur ich ihn wirklich kannte. Ich bin die einzige, die über Mussolini ohne Maske sprechen kann, denn ich habe ihn bereits im Alter von zehn Jahren entdeckt.«

So erinnert sie sich an ihre erste Begegnung: »Meine Aufmerksamkeit wurde von zwei riesigen, schwarzen Augen gefesselt, die eine derartige Willenskraft ausstrahlten, daß ich mich sofort beruhigte... Sie waren phosphoreszierend.«

Benito Mussolini wurde am 29. Juli 1883 in Varano di Costa (Provinz Romagna) geboren. Seine unmittelbaren Vorfahren waren kleine Bauern. Seine Mutter war Lehrerin, sein Vater Schmied. Als aktiver Sozialist gab er seine antiklerikalen und revolutionären Ideen an seinen Sohn schon in frühester Kindheit weiter. In diesem Klima der Armut und der Auflehnung gegen die sozialen Mißstände wuchs Mussolini auf. Unter seinen Geschwistern und den Nachbarskindern fiel er auf durch seine Neigung zum Jähzorn und seine Ruhelosigkeit. In der Schule opponierte er gegen jede Regel und Disziplin. Der Umgang mit seinen Schulkameraden war schwierig; er war oft in Prügeleien verwickelt. Erst spät hatte er sprechen gelernt, zeigte aber schon früh die Gabe der raschen Auffassung, Konzentrationsfähigkeit und Wißbegierde. Unordnung und Aufsässigkeit erschöpften die Geduld seiner Lehrer: Er mußte mehrmals die Schule wechseln. Im letzten Versuch schaffte er den Sprung auf die Lehrerausbildungsanstalt, wo er seine ersten politischen Versammlungen abhielt und damit begann, polemische Zeitungsartikel im Sinne des Sozialismus zu schreiben. Mit 18 Jahren hatte er das Examen in der Tasche mit besonders guten Noten in Italienisch, Geschichte, Literatur und Musik. Eine Zeitlang war er als Lehrer tätig. Doch sein unsteter Geist ließ ihm keine Ruhe: Er organisierte Protestaktionen und machte sich schnell einen Namen als ausgezeichneter Redner, der es verstand, Gesinnungsgenossen und Unterdrückte aufzuwiegeln.

Unzufrieden mit den Verhältnissen in Italien, ging er in die Schweiz, arbeitete dort als Journalist und Maurer, bis man ihn – wie auch später aus Österreich – als Anarchisten ausweisen ließ. Wieder in Italien, saß er wegen seiner aufrührerischen Reden und Aufsätze mehrmals im Gefängnis. Während seiner Militärzeit vollzog sich in ihm der Wandel vom Sozialisten zum Faschisten.

Darin sind sich viele seiner Zeitgenossen einig: Er hat nie in seinem Leben nach festen Prinzipien und Überzeugungen gehandelt. Er legte den Kurs, den er steuerte, niemals vorher fest, sondern ließ sich vom Strom der Ereignisse treiben, um bei jeder neuen Krise zu entscheiden, wie er seine Segel setzen sollte. Es ging ihm nur um seine persönlichen Motive, um die Befriedigung seiner Eitelkeit. Diese Mischung aus Pragmatismus, innerer Unsicherheit und Inkonsequenz bestimmt seinen Aufstieg und sein Ende. Dazu kommt ein heftiges Temperament, das sich in Wutausbrüchen äußert, dann wieder in Verschlossenheit und Wortkargheit umschlägt. Dies das Bild, das die Historiker von im entwerfen: Ein Mensch voller Widersprüche mit einem übersteigerten Ichbewußtsein.

Handschrift Mussolinis

Anders Donna Rachele: Benito ist für sie der Mann, der mit seiner Frau über alles spricht. Der ein bescheidenes bürgerliches Leben führt, wenn er im Kreise seiner Familie die Maske des Politikers, des Staatsmannes fallenläßt. Sie, die einfache Frau aus ärmsten Verhältnissen, sieht mit dem Blick ihrer eigenen Gradlinigkeit nicht die vielen Widersprüche in Mussolini. Sie sieht in ihm den »Starken Mann«, aber auch das »große Kind« (wie jede italienische Mamma, die Mittelpunkt der Familie ist), das ihres heimlichen Schutzes bedarf. Da sie ihn für einen Menschen hält, der seiner Umgebung arglos vertraut, baut sie ein Nachrichtennetz auf, das sie mit Informationen aus ganz Italien versorgt. Damit will sie ihren Mann vor Intrigen und Verrat schützen, die in ihrer Sicht den Untergang des Duce herbeigeführt haben. »Denk an Napoleon, den du so sehr bewunderst, Benito... mach es nicht wie er«, warnt sie schon früh in Vorahnung seines Schicksals.

Aus der Stärke ihres einfachen Glaubens sagt sie heute als Dreiundachtzigjährige »kein Tag vergeht, an dem ich nicht den Beweis dafür erhalte, daß mein Mann sich nicht völlig geirrt hat«. Und daher fand sie auch damals die Kraft, ihm seine zahlreichen Liebesaffären zu verzeihen.

Was zog die Frauen zu diesem Mann, der – wie Rachele sich äußert – eine Frau, wenn er sie erobert hatte, mit Brutalität behandelte und sie nach stürmischer aber kurzer Verbindung wieder verließ? War es der durchdringende Blick seiner tiefschwarzen Augen, die weit hervortraten, wenn er überzeugen wollte, die Ausdruck waren von Vitalität und Willenskraft? Seine Auffassung von der Frau brachte er auf die kurze Formel: »Sie wollen eher brutal als höflich behandelt werden.« Dieselbe Überzeugung bestimmte sein Verhältnis zum Volk. Auf die Frage, ob ein Diktator von seinem Volk geliebt werden könne, antwortete er: »Ja, aber nur, wenn es ihn gleichzeitig fürchtet. Die Massen sind wie eine Frau, sie wollen einen starken Mann.«

Deshalb entfaltete er in der Öffentlichkeit sein schauspielerisches Talent und spielte überzeugend den eisern entschlossenen unbeugsamen Duce. Die gebieterischen Gesten, der zurückgeworfene Kopf, das alles gehörte zur Pose des Führers, verbunden mit dem Rednertalent des Demagogen. Hinzu kommt in späteren Jahren ein Hang zum Monumentalen und Dekorativen: Offiziell zeigt er sich nur noch in Uniform.

Doch hinter dieser Fassade des selbstsicheren Duce verbirgt sich eine anspruchslose bürgerliche Gesinnung. Mussolini geht selten aus. Seine Lebensweise ist spartanisch, grenzt an pedantische Regelmäßigkeit. Der Tag beginnt früh für ihn. Er treibt eine halbe Stunde Sport, meistens reitet er aus. Neben dem Reitsport beherrscht er meisterhaft das Fechten, Schwimmen und Fliegen. Dann widmet er sich der Arbeit. Seine Mahlzeiten bestehen aus Teigwaren, Eiern, rohem Gemüse und Früchten, er ißt wenig, selten Fleisch. Einmal in der Woche fastet er, um seine Organe zu entlasten. Den frühen Nachmittag widmet er seinen Kindern.

Obwohl er sich sonst wenig um Erziehung und Familienleben kümmerte, war er kinderlieb. Eigensinnig verbot er seiner Frau, während seiner Abwesenheit zu entbinden. Wenn ein Kind nachts weinte, brachte er es mit seinem Violinspiel zur Ruhe. Erkrankte eines von ihnen, ergriff ihn eine panische Angst. Schuhe ließ er ihnen grundsätzlich eine Nummer zu groß kaufen, weil er selber bis ins Erwachsenenalter hinein Schuhe auftragen mußte, die ihm längst zu klein waren.

Auf Kleidung legte Mussolini wenig Wert. Bis auf seine spätere Vorliebe zur Uniform, wenn er sich in der Öffentlichkeit zeigen mußte, hatte er weder für Luxus noch Reichtum Sinn. Rachele Mussolini erzählt, daß sie stets mit wenig Haushaltsgeld auskommen mußte. Selbst als Mussolini schon längst an der Macht war, besaß sie keinen Pelz und kaum Schmuck. Der junge Mussolini fiel allen durch die schlecht gebundene Krawatte, den zerbeulten Hut mit breiter Krempe und die ausgebeulten Taschen auf, die voller Zeitungen steckten.

Bekannt ist Mussolinis Abstinenz. Bei Staatsempfängen nippte er nur am Wein. Er lehnte den Alkohol nicht aus Überzeugung ab, wie seine Frau berichtigt: Ein unliebsamer Vorfall führte dazu. In den ersten Jahren ihres Zusammenlebens zertrümmerte er eines Nachts im Vollrausch die wenigen Habseligkeiten in ihrer Wohnung. Als ihn Rachele zur Rede stellte, schwor er beim Leben seiner kleinen Tochter Edda, sich jeglichen Genuß von Alkohol zu untersagen. Mussolini hatte einer robuste Gesundheit. Bis auf ein Magengeschwür war er selten krank: Er haßte Krankheiten und verabscheute die Ärzte. Erkrankte er aber, war er ein folgsamer Patient und glaubte an die Medizin.

Eine andere Macht, an die er glaubte, war die der »jettatore«, der Leute mit dem »bösen Blick«. Nach einem Besuch des Königs von Spanien (Alfons XIII.) in Rom, der als »jettatore« verdächtigt wurde, stand Mussolini noch tagelang unter der Wirkung des Besuchers und befahl seinem Chauffeur, besonders vorsichtig zu sein. Er setzte sich nie an einen Tisch mit dreizehn Personen, wichtige Dinge unternahm er niemals an einem Freitag.

Am Vorabend seiner Erschießung durch Partisanen unweit von Dongo am Comer See (28. April 1945), als Rachele und seine Söhne ihn drängten, sich in Sicherheit zu bringen, soll er mit einem Lächeln geantwortet haben: »Es ist nichts mehr zu ändern, ich muß meinem Schicksal bis zum Ende folgen.«

Ernst Reuter (1889)
Deutscher Politiker

Der Historiker Walter Görlitz zeichnet ein Porträt dieses *unbequemen Genossen*:

In russischen Kerkern lautete eines der Vortragsthemen, das der junge Schriftsteller Ernst Reuter in den Jahren vor dem Ersten Weltkrieg im Auftrag der Sozialdemokratischen Partei auszuarbeiten hatte. Es befaßte sich mit den Leiden russischer Sozialrevolutionäre in den Kerkern des Zaren und in der sibirischen Verbannung. Der junge Mann, der in Marburg sein Staatsexamen für das höhere Lehramt abgelegt hatte, war zwar überzeugter Sozialist und Pazifist, wirkte jedoch keineswegs proletarisch-klassenbewußt, sondern bürgerlich-intellektuell.

Ernst Reuter, zeitweilig in der frühen Kommunistischen Partei als Genosse *Friesland* bekannt, starb als Regierender Bürgermeister von Berlin am 29. September 1953 an einer Herzlähmung. Am Ende seines bewegten Lebens konnte er als einer der Architekten des freien Deutschland gelten.

Er wurde am 29. Juli 1889 in Apenrade geboren. Sein Vater war ehemaliger Handelsschiffskapitän und Lehrer an der dortigen Navigationsschule. Reuter wuchs in Leer in Ostfriesland auf. Das Elternhaus war gut-bürgerlich und hochkonservativ, eher im hannoversch-welfischen als im preußischen Sinne.

Als Student der Germanistik, Geographie und Geschichte an der Philipps-Universität und »Fuchsmajor« bei einer farbentragenden nichtschlagenden christlichen Verbindung lernte Reuter die große geistige Auseinandersetzung in der damaligen Studentenschaft zwischen überspitztem Nationalismus und sozialistisch-humanitärem Idealismus kennen. Er schlug sich auf die Seite der Marxisten und Friedensfreunde. Die Folge war der Bruch mit dem Elternhaus, die Nichtanstellung als Studienassessor, der Beitritt zur SPD, ein karges Dasein als Redner und Schriftsteller.

Zu Beginn des Krieges 1914 gehörte Reuter zu den Gründern des *Bundes Neues Vaterland,* in dem sich die entschiedenen Pazifisten aller Richtungen zusammenfanden. Dann kam der Kriegsdienst mit schwerer Verwundung an der Ostfront und russischer Gefangenschaft. Dort erlebte er die bolschewistische Revolution. Der Sozialist sah die Erfüllung seiner Jugendideale im Sowjetkommunismus. Die Sowjets ernannten ihn im Frühjahr 1918 zu einem der beiden Sowjetkommissare für die Angelegenheiten der deutschen Kolonisten an der Wolga. Reuter machte die Bekanntschaft Lenins und Stalins, des damaligen Volkskommissars für die Nationalitäten. Die Genossen im Kreml fanden den deutschen Genossen, Lenin zufolge, »etwas zu unabhängig«.

Als die Revolution in Deutschland ausbrach, kehrte Reuter zurück und trat der deutschen KP bei. Der sowjetische Exkommissar »Friesland« versprach ein Paradepferd zu werden. Wieder fiel seine Unbequemlichkeit auf, seine geistige Kraft, sein Beharren auf einem eigenen deutschen Weg zum Sozialismus. 1921 verließ Ernst Reuter die KPD und kehrte zur SPD zurück.

In Berlin begann der Aufstieg auf dem Sektor der Kommunalpolitik, als Stadtrat und Verkehrsdezernent. Reuter sah in der Gemeindepolitik später die beste

Schule für die große Politik. 1931 wurde er zum Oberbürgermeister von Magdeburg gewählt. Das Berlin der 20er Jahre verdankte ihm eine moderne Verkehrsorganisation, Magdeburg eine Wohnbau-Selbsthilfe für Erwerbslose.

Im März 1933 beurlaubten die neuen Machthaber den »Systemvertreter«. Es folgten zweimalige Verhaftung, zweimalige KZ-Haft, schließlich 1933 der Weg ins Exil nach Ankara. Reuter hatte Glück, wurde Referent im türkischen Wirtschaftsministerium und Professor an der Hochschule für Politik. Der Kommunalpolitiker erwies sich als brillanter Lehrer.

Die Katastrophe, in der das Dritte Reich endete, hatte er vorausgesehen. Als er nun nach Berlin zurückkehren wollte, hatten die Alliierten in West und Ost jeder ihre eigenen Bedenken; Ernst Reuter war kein bequemer Diener seines Herrn. Erst Ende 1946 erschien er wieder in Berlin und wurde in der Viermächtestadt abermals Dezernent für das Verkehrswesen. Der sowjetischen Militäradministration war er von vornherein verdächtig als einstiger Kommissar, als abtrünniger Kommunist, als Mitarbeiter der, wie es jetzt hieß, profaschistischen türkischen Regierung. Als die Stadtverordneten Reuter 1947 zum Oberbürgermeister wählten, blockierte die SMA die Wahl.

Erst die Blockade der westlichen Sektoren Berlins, die gewaltsame Teilung der deutschen Hauptstadt öffneten 1948 die Bahn für die Amtsübernahme im freien Teil Berlins. Ernst Reuter kannte den Gegner, liebte das russische Volk, hielt jedoch das Sowjetsystem für den unerbittlichen Feind jeder Menschenwürde. Er wurde zu einem der profiliertesten Anwälte der neuen deutschen Demokratie. In den fünf Jahren, die ihm an der Spitze der Westberliner Verwaltung noch beschieden waren, legte er den Grund für die Behauptung des freien Teils der deutschen Hauptstadt.

Eyvind Johnson (1900)
Schwedischer Schriftsteller

Johnson erhielt 1974 den Nobelpreis für Literatur. Er mußte ihn sich allerdings mit seinem Landsmann Harry Martinson teilen. Die Verleiher des Preises lobten »seine Erzählkunst im Dienste der Freiheit«. Der Weg Johnsons zu dieser Ehrung als Schriftsteller war weit und schwierig gewesen. Er wurde als Sohn eines Steinbrucharbeiters geboren und verließ die Eltern schon mit 14 Jahren. Mit allerlei Gelegenheitsjobs verdiente er sich seinen Lebensunterhalt. Er verließ Schweden 1921, um zuerst nach Deutschland und dann nach Frankreich zu gehen. Erste Erfolge als Schriftsteller hatte er mit dem Romanzyklus *Romanen om Olof,* dessen erster Teil 1934 erschien. Unter dem Titel *Hier hast du dein Leben* wurde der Zyklus auch in Deutschland bekannt. Seine Themen bezog er vor allem aus der Geschichte, die er unter neuen Gesichtspunkten betrachtete. († 25. 8. 1976).

Hermann Esser (1900)
Deutscher Politiker

Der Sohn eines Reichsbahndirektors stellte eine Weiche, – und die ganze Welt rollte auf abschüssiger Strecke ins Unheil des Zweiten Weltkrieges: Esser, ursprünglich Sozialdemokrat und tatendurstiger Jungjournalist hatte sich nach dem Ersten Weltkrieg beim Kampf gegen die bayrische Räterepublik 1919 beim Münchner Reichswehr-Gruppenkommando verdingt, das ihn eines Tages zu einem politischen Schulungskursus schickte. Dort fand er einen redegewandten, aus Österreich stammenden Soldaten namens Hitler. Esser schilderte bald seinen Vorgesetzten das Redetalent dieses Mannes und erreichte, daß Hitler fortan als Agitator sprechen durfte. Esser nahm Hitler auch einmal mit zu einer Zusammenkunft eines obskuren nationalistischen Kleinbürger-Zirkels ohne jede politische Bedeutung. Dieser *Deutschen Arbeiterpartei* hatte er den Soldaten Hitler als »Trommler« empfohlen. Esser und Hitler brachten gemeinsam die Splitterpartei unter ihren Einfluß und entfesselten eine wüste Hetze gegen Demokraten und Juden. Esser gab eine Zeitung heraus, den *Völkischen Beobachter,* der die nun NSDAP genannte Hitler-Bewegung propagandistisch unterstützte. Nach dem mißglückten Putsch Hitlers vom 9. November 1923 war es Esser, der die Trümmer der Partei in einer »Großdeutschen Volksgemeinschaft« wieder sammelte. Hitler belohnte seinen Duzfreund Esser dafür mit der Verleihung der Parteimitgliedsnummer 2 und machte ihn zum Reichspropagandaleiter. Die allzu enge Zusammenarbeit der beiden zeigte indessen bald Risse: Hitler stießen die mitunter rüden Manieren seines Freundes Esser ab und auch dessen amouröse Abenteuer brachten die Partei unnütz ins Gerede. Hitler begann Esser als einen »Lumpen« zu bezeichnen. Sein Aufstieg in der Partei verlangsamte sich sichtlich.

Als Hitler 1933 an die Macht gelangte, wurde Esser für zwei Jahre bayrischer Wirtschaftsminister. Ab 1939 füllte er den Abschiebeposten des Staatssekretärs für Fremdenverkehr im Reichspropagandaministerium aus. 1936 hatte ihm Hitler das vertrauliche *Du* entzogen, nicht jedoch das Recht, gelegentlich an seiner Mittagstafel sitzen zu dürfen. Nach dem Ende des Zweiten Weltkrieges und damit dem des Dritten Reiches konnte Esser sich glücklich wähnen: Er hatte zwar die NSDAP mitbegründet und es ist zweifelhaft, ob Hitler ohne ihn überhaupt je eine Partei in die Hand bekommen hätte, doch Esser selbst hatte in der Tat während des NS-Reiches nichts Verbrecherisches getan. Er überstand die Entnazifizierung recht glimpflich und war so klug, sich auch weiterhin unauffällig und still zu verhalten. Unauffällig war auch sein Tod. Er starb am 7. Februar 1981.

Dag Hammarskjöld (1905)
Schwedischer Politiker

Wenige, die ihn kennengelernt haben, haben ihn vergessen. Dag Hammarskjöld war unter den Politikern der Welt ein Mann der Geradlinigkeit, der Aufrichtigkeit und der Menschenliebe – Eigenschaften, denen er nicht »das Wort redete«, sondern die er praktizierte. Bücher wie der Koran, die Bibel, Bücher über das Leben Buddhas und von Idries Shah, dem großen Vertreter der Sufi-Tradition zierten seinen Schreibtisch. Begonnen hatte seine politische Laufbahn 1936 als Staatssekretär im schwedischen Finanzministerium. 1952 wurde er zum Leiter der schwedischen UN-Kommission berufen und 1953 wählte ihn die UN-Vollversammlung als Nachfolger von Trygve Lie zu ihrem neuen Generalsekretär. Er setzte sich für die Entkolonisation ein und bemühte sich bei der Suez-, Ungarn- und Kongokrise für die Erhaltung des Friedens. Beim Einsatz für die UN-Friedenstruppe im Kongo kam Hammarskjöld 1961 bei einem ungeklärten Flugzeugabsturz ums Leben. 1961 verlieh ihm das Osloer Friedensnobelkomitee in besonderer Hochschätzung seiner Arbeit posthum den Friedensnobelpreis. »Die Welt ist ärmer geworden«, sagte damals Konrad Adenauer. († 18. 9. 1961)

Erhard Arnold Scheidt (1907)
Deutscher Fabrikbesitzer

Nach Abschluß der Schulausbildung war Erhard Arnold Scheidt, der einer seit 1681 in Kettwig ansässigen Linie der Familie Scheidt entstammt, von 1925 bis 1927 Lehrling im väterlichen Betrieb. 1928 und 1929 ging er nach England und den Vereinigten Staaten, um dort als Praktikant im Wollhandel und in einem Bankunternehmen zu arbeiten. 1930 war er Volontär bei der Deutschen Bank in Berlin. In dem darauf folgenden Jahr kehrte er nach Kettwig zurück und wurde am 11. März 1932 Vorstandsmitglied der Joh. Wilh. Scheidt AG in Kettwig. Im Zweiten Weltkrieg geriet er Ende 1940 in englische Kriegsgefangenschaft und war nach seiner Rückkehr um die Mitte des Jahres 1947 wieder als Vorstandsmitglied tätig.

Neben seinen Aufgaben in der Fabrik nahm Erhard Arnold Scheidt auch am öffentlichen Leben regen Anteil. Er wurde am 3. Mai 1935 Stadtrat und am 21. April 1937 Mitglied des Beirats für das Finanzwesen der Stadt Kettwig. Außerdem betätigte er sich als Mitglied der Industrie- und Handelskammer in Düsseldorf, der Fachgruppe Tuch- und Kleiderstoffindustrie und der Außenhandelsstelle für den Niederrhein. Er war stellvertretendes Mitglied des Hauptausschusses des Gesamtverbandes der Tuch- und Kleiderstoffindustrie und Mitglied des Zellwollausschusses der Wirtschaftsgruppe Textilindustrie in Cottbus. († 13. 6. 1950).

Franz Kneissl (1921)
Österreichischer Skifabrikant

Der Vater warnte den Sohn vor der Herstellung von Skiern – immerhin hatte er selbst 1918 die ersten Skier in Österreich gefertigt und schützen lassen. So wurde der Sohn Franz erst einmal kaufmännischer Lehrling und später Volontär in einer Münchner Textilfirma. Dann kam der Krieg. 1946 baute er den zerstörten väterlichen Betrieb wieder auf und begann – entgegen Vaters Rat – mit drei Arbeitern die Skiherstellung. Und schon 1950 gewann Dagmar Rom im Slalom und im Riesenslalom auf Kneissl-Ski! Rasch eroberte Kneissl sich in der Weltskiproduktion einen Platz ganz vorn in der internationalen Skihersteller-Elite, verpflichtete große Läufer für sein

Haus, es gab Skandale um den Amateurstatus. »Heute kostet ein Läufer soviel wie früher eine ganze Nationalmannschaft« sagte er einmal. Große Erfolge waren die Olympischen Winterspiele 1976 in Innsbruck – auf seinen Skiern wurden 8 Gold-, 7 Silber- und 8 Bronzemedaillen gewonnen. Kneissl trieb aufwendige Forschungen in der Skiherstellungs-Verfahrenstechnik, führte die computergesteuerte Skiherstellung ein, hatte 1980 rund 85 Millionen DM Umsatz – und kam in wirtschaftliche Schwierigkeiten. Im Oktober 1980 mußte er Vergleich anmelden. Franz Kneissl trägt seit 1968 den Titel Kommerzialrat. Er ist seit 1949 verheiratet, hat zwei Kinder und lebt in Kufstein.

Ingrid Krämer-Gulbin (1943)

Kunst- und Turmspringerin aus der DDR

Die gebürtige Dresdnerin ist eine der besten Wasserspringerinnen aller Zeiten. Bei den Olympischen Spielen 1960 in Rom überraschte sie die Fachleute, als sie die sieggewohnten Amerikanerinnen vom 3-m-Brett sowie vom 10-m-Turm besiegte. Vier Jahre später in Tokio gewann sie eine weitere Goldmedaille vom Turm und belegte vom Brett Rang zwei. 1962 war sie in beiden Disziplinen Europameisterin geworden.

1968 bei den Spielen in Mexiko nahm sie noch einmal teil, kam jedoch über einen fünften Platz im Kunstspringen nicht hinaus. 1963 hatte sie zunächst den Gewichtheber Heinrich Engel geheiratet, war jedoch 1965 schon wieder geschieden worden. Danach ehelichte sie ihren Jugendfreund Gulbin.

Es geschah am 29. Juli

Ereignisse, die Geschichte machten

1506 Tod Martin Behaims
1830 Pariser Aufstand gegen die Willkür Karls X.
1858 Amerikanisch-japanischer Handelsvertrag
1900 Umberto I. von Italien ermordet
1908 Londoner Olympische Spiele beendet
1941 NS-Tagesparole an die deutsche Presse
1952 Uraufführung des deutschen Spielfilms
»Postlagernd Turteltaube«
1968 Enzyklika
»Humanae vitae« veröffentlicht
1971 Erfolg der amerikanischen Raumfahrt
1981 Prinz Charles von England
heiratet Lady Diana Spencer
Rekorde des Tages

1506

Pappe, Pergament und Gips
Tod Martin Behaims

Vom Jahre 1475 an befindet sich Behaim in Flandern, wo er als Kaufmann in der Tuchbranche tätig war, und sechs Jahre später weilte er in Lissabon am Hof König Johanns

Martin Behaim

II. von Portugal. Hier fertigte er ein vielbewundertes Astrolabium an und berechnete Deklinationstafeln, worauf er zum Mitglied der gelehrten Gesellschaft *Junta dos matematicos* ernannt wurde. 1484 nahm Behaim an einer Entdeckungsreise teil, die sich während eines Zeitraums von 19 Monaten längs der westafrikanischen Küste bis zum Kap der Guten Hoffnung erstreckte, wobei unter anderem auch der Kongo entdeckt wurde. Der König ernannte ihn zum Ritter des Christusordens und schickte ihn öfters in wichtigen diplomatischen Geschäften außer Landes. Von 1486 an hält sich Behaim vier Jahre auf der westlichen Azoreninsel Fayal, einer flämischen Kolonie, auf und verheiratet sich mit der Tochter des dortigen Erbstatthalters. 1491 begibt er sich in Erbschaftsangelegenheiten in seine Vaterstadt und fertigt hier auf »Fürbitt und Begehr« den ersten Globus, den sog. Apfel, an, der sich noch heute im Besitz der Familie befindet. Wenn auch diese erste plastische Darstellung der Erde, die eine Kugelgestalt von etwa 55 cm Durchmesser hat und aus Pappe und Gips mit einem Pergamentüberzuge besteht, noch recht erhebliche Fehlerquellen aufweist, so ist seine Leistung, die vorbildlich für alle späteren Globen wurde, doch als etwas Außerordentliches in damaliger Zeit zu betrachten. Nach zwei Jahren kehrte Behaim wieder nach Portugal zurück, wo er Seekarten anfertigte und im diplomatischen Dienst Verwendung fand. Erst 47 Jahre alt, starb er am 29. Juli 1506 in Lissabon.

1830

Trikolore gegen Lilienbanner

Pariser Aufstand gegen die Willkür Karls X.

Paris war zutiefst empört. Ende Juli 1830 konnte man im offiziellen »Moniteur« fünf »Ordonnanzen« studieren, welche die Allerchristlichste Majestät von Frankreich, König Karl X., am Vortag im Schloß von Saint Cloud unterzeichnet hatte. Das soeben gewählte Parlament wurde aufgelöst, die Pressefreiheit galt nicht mehr, Neuwahlen sollten nach einem neuen Zensus stattfinden, der dem aufblühenden Fabrikantentum, der bürgerlichen Geschäftswelt, den freien Berufen das Stimmrecht nahm. Die Opposition gegen den fast 73jährigen Souverän reichte von Anhängern der konstitutionellen Monarchie bis zu der linksradikalen, 1829 neu gegründeten Republikanischen Partei.

König Karl X. war der letzte noch lebende Bruder des während der Revolution von 1789 hingerichteten Ludwig XVI. Er hielt es in hochmütigem Starrsinn für möglich, rund 40 Jahre nach der Revolution von 1789 das *Ancien Régime* wieder aufleben zu lassen. Nach der gültigen Verfassung besaß er das Recht, »Ordonnanzen« mit Gesetzeskraft sozusagen im Notfall zu erlassen, nicht jedoch in diesem Fall, aus herrscherlicher Willkür.

Adolphe Thiers, neben Casimir Perier einer der wortgewaltigsten und entschlossensten Vertreter der liberalen Opposition, stellte in seinem Blatt »National« fest, die gesetzliche Regierung sei »unterbrochen«, jetzt begönne diejenige der Gewalt.

Am Abend des 26. Juli demonstrierten Journalisten, Studenten, Schüler des Polytechnikums gegen die Aufhebung der Pressefreiheit. Am nächsten Tag mehrten sich Kundgebungen, die ersten Barrikaden wurden gebaut. Die seit vielen Jahren verbotene Trikolore, die dem Lilienbanner der Bourbonen hatte weichen müssen, erschien wieder im Straßenbild. Der Aufstand des einfachen Volkes, der Studentenschaft, war spontan, von niemandem planmäßig organisiert, eine Schwäche, die sich dann das liberale Bürgertum zunutze machen sollte.

Der König ernannte den Befehlshaber seiner Haustruppen, Auguste Frédéric de Marmont, von Napoleons Gnaden Marschall von Frankreich, zum Kommandeur der 1. Militär-Division in Paris. Die Wut der Massen stieg. Marmont galt als harter Soldat. Am 28. Juli sah sich der Marschall, der über etwa 11 000 Mann verfügte, in Straßenschlachten verwickelt. Er versuchte, den Komplex um den Louvre und die Tuilerien zu halten. Um die Seine-Brücken entbrannten heftige Kämpfe.

Am 29. Juli 1830 fiel die Entscheidung, nachdem zwei Infanterieregimenter zum Volk übergegangen waren. Marmont befahl den Rückzug der noch treu gebliebenen Truppen nach Saint Cloud. Volkshaufen besetzten das Stadthaus, die Tuilerien und den Louvre.

War dies die Stunde einer neuen Jakobiner-Republik? Die Liberalen präsentierten jedoch den Chef der bourbonischen Nebenlinie Orleans, Louis Philippe als neuen »Bürgerkönig«, anfangs zum Unwillen der Massen. Drei Tage später dankte König Karl X. ab und begab sich, ungehindert, mit einem gewaltigen Troß an die Kanalküste, um Zuflucht in England zu suchen. Der Funke dieser Juli-Revolution aber sprang über nach Belgien, das zum Königreich der Niederlande gehörte, auf das Vizekönigreich des russischen Zaren in Polen, auf deutsche Kleinstaaten. Halb Europa geriet in Aufruhr.

1858

Ende der Zufriedenheit
Amerikanisch-japanischer Handelsvertrag

Hermetisch abgeriegelt hatte sich Japan jahrhundertelang. Das reiche Land reizte den Appetit der Großmächte. Den Wettlauf um die besten Startchancen im Handel mit dem japanischen Partner gewannen die Amerikaner, die 1854 Liegerechte in drei Häfen erhielten und am 29. Juli 1858 ein Wirtschaftsabkommen mit Japan schließen konnten. Die Folgen aber für das so lange selbstgenügsame und zufriedene Land waren so verheerend, daß sich die japanische Regierung zu einem Rundschreiben an die europäischen Mächte veranlaßt sah, das um Verständnis für die Zurückhaltung gegenüber dem Ausland warb:

Während beinahe drei Jahrhunderten stand unser Kaiserreich in keinen Beziehungen zu den auswärtigen Mächten. Die Erzeugnisse unseres Landes genügten den Bedürfnissen der Bevölkerung; die gewöhnlichen Konsumtionsartikel waren um mäßige und fast sich gleichbleibende Preise zu bekommen; Zufriedenheit und Ruhe herrschten allenthalben. Indessen wurde auf den Rat des Herrn Präsidenten der Vereinigten Staaten das Gesetz bezüglich der Ausschließung des Auslandes abgeändert und von der japanischen Regierung mit dem Kommodore Perry, außerordentlichem Gesandten der Vereinigten Staaten, am 31. März 1854 ein Vertrag abgeschlossen, in welchem der nordamerikanischen Marine das Recht eingeräumt ward, sich in den beiden Häfen von Simoda und Hakodadi mit Holz, Wasser und Proviant zu versehen. Seitdem wurde am 29. Juli 1858 mit Herrn Townsend Harris, bevollmächtigtem Minister der Vereinigten Staaten, ein weiterer Vertrag eingegangen, der das Recht, mit Japan Handel zu treiben, statuierte; und mit fünf anderen Mächten sind später ähnliche Verträge unterzeichnet worden, welche gegenwärtig in Kraft treten sollen. Die Zulassung des auswärtigen Handels in den offenen Häfen hat aber zu einem von unseren Erwartungen sehr verschiedenen Resultate geführt; die vermöglicheren Volksklassen sehen den Vorteil davon nicht ein und auch den ärmeren erwächst daraus keine Wohltat. Die Gegenstände der ersten Lebensnotdurft werden von Tag zu Tag teurer, was durch die immer wachsende Ausfuhr bewirkt wird, und die Armen sind nicht mehr wie früher imstande, ihre Bedürfnisse zu befriedigen, ja sie sind manchmal der Kälte und dem Hunger ausgesetzt, und schreiben alle diese Mißstände dem auswärtigen Handel und den Maßregeln ihrer Regierung zu. Das System der Ausschließung der Fremden, das durch so lange Zeit aufrecht erhalten ward, hat sich mit dem Volke von Japan sozusagen identifiziert, als zu seinen feststehenden Grundsätzen gehörig; es ist daher leicht zu begreifen, daß, wenn auch die von uns bezeichnete Schwierigkeit nicht bestünde, es die Grenzen der Macht einer Regierung oder von sonst jemandem übersteigen würde, die öffentliche Meinung in diesem Punkt umzuwandeln oder selbst nur zu mildern und das Unbehagen verschwinden zu machen, das man allgemein dem Handel mit den Fremden in die Schuhe schiebt. Es unterliegt übrigens keinem Zweifel, daß die Zeit nicht mehr fern ist, in der unser Volk zur Erkenntnis des Nutzens kommen wird, den ein Handel mit auswärts sicherlich verschafft; bloß bei dem jetzigen Stande der öffentlichen Meinung würde die Abschließung neuer Verträge mit anderen Mächten schwere Folgen, ja vielleicht eine Empörung nach sich ziehen. Wie man es bei den dermaligen Verhältnissen für nötig erachtet hat, vorzuschlagen, daß die vertragsmäßig zugesicherte Freigebung der Häfen von Hiogo und Niigata und der Städte Yeddo [Tokio] und Osacca für den auswärtigen Handel vorläufig aufgeschoben werde, so haben wir auch zu konstatieren, daß wir für jetzt in neue Verträge mit fremden Staaten uns einzulassen außer Stande sind; und es ist der Zweck dieser Zuschrift, über den gegenwärtigen Stand der Dinge in unserem Land verläßliche Mitteilungen zu machen und dadurch der Sendung von diplomatischen Agenten zuvorzukommen, die bei unserer Regierung die Mission hätten, neue Handelsbeziehungen anzuknüpfen, in die wir zu unserm Bedauern nicht eintreten könnten. Der Wunsch unserer Regierung geht dahin, daß die eben gegebene Auseinandersetzung zur Kenntnis der verschiedenen Regierungen der vorzüglichsten Weltmächte gelange.

1900

Zynisch gestanden

Umberto I. von Italien ermordet

Aus Monza bei Mailand wurde am 29. Juli 1900 gemeldet: »König Umberto wurde nach der Preisverteilung bei einem Wetturnen, als er um 10 Uhr 30 Minuten den Wagen bestieg, von drei Schüssen getroffen, von denen einer durch das Herz ging. Der Mörder heißt Angelo Bressi und stammt aus Prato in der Toskana. Er wurde verhaftet und nur mit Mühe der Volkswut entrissen. Der Mörder gestand zynisch sein Verbrechen ein.« Dies war das dritte Attentat, das auf Umberto I., der am 9. Januar 1878 als zweiter König des vereinten Italien auf den Thron gekommen war, verübt wurde. Sein Sohn, Viktor Emanuel III., war dann bis Mai 1946 König von Italien. *(SZ)*

1908

Falsche Ausbildung

Londoner Olympische Spiele beendet

Die Schlußfeier der Olympischen Spiele in London fand am 29. Juli 1908 statt. Den Löwenanteil an Goldmedaillen errangen England mit 38 und Amerika mit 22 Siegen. Schweden eroberte 7, Frankreich 4 der begehrten Plaketten. Für Deutschland konnten nur der Schwimmer Bieberstein im 100-Meter-Rückenschwimmen und der Kunstspringer Zürner erste Plätze belegen. Tief enttäuscht war man über das Abschneiden der deutschen Leichtathleten und Turner. Man empfand das Versagen als nationale Schande. Ein Kommentator schrieb: »Die große Niederlage, die uns auf dem Gebiet der Athletik beschieden war, erbrachte den Beweis, daß die sportliche Ausbildung auf diesem Gebiete bei uns eine falsche ist und daß mit dem jetzigen System gebrochen werden muß.« *(SZ)*

1941

Sensationelle Aufbauschung
NS-Tagesparole

Von vornherein ließen die nationalsozialistischen Machthaber keinen Zweifel daran, daß es unter ihrer Herrschaft keine Pressefreiheit geben werde. Insbesondere im Zweiten Weltkrieg lief alles darauf hinaus, der Öffentlichkeit zu suggerieren, daß man stets im Recht und jeweils Herr der Lage sei. Verbindliche Presseweisungen hatten für die »richtige« Sicht zu sorgen. Die Anfangserfolge im Rußlandfeldzug, der eine Woche zuvor begonnen hatte, sollten zu keinem falschen Optimismus verleiten. Das atemberaubende Vormarschtempo verleitete viele zu glauben, die Rote Armee sei bereits geschlagen. Die Tagesparole vom 29. Juli 1941 hatte generellen Charakter.

In der Behandlung der militärischen Ereignisse besteht bei manchen Blättern immer noch eine gewisse Tendenz zu sensationeller Aufbauschung des vorliegenden Nachrichtenstoffes und PK-Materials. Es wird erneut darauf hingewiesen, daß der Erfolg des gewaltigen Kampfes im Osten nicht geographisch durch einzelne Ortsangaben erfaßt werden kann, sondern daß sein Ziel in der Vernichtung der gegnerischen Streitkräfte liegt, wie es z. B. bei der Einkreisungsschlacht von Smolensk der Fall ist. Die Tendenz zu Überschriften, die die sowjetischen Hauptstädte bereits in den Bereich der Erdoperationen zieht, erzeugt beim Leser falsche Vorstellungen, die der wahren Bedeutung der gegenwärtigen großen Schlachten nicht gerecht wird.

1952

Postlagernd Turteltaube

Deutscher Spielfilm

»*Eine Komödie gegen die Angst*«, *so lautete der Untertitel dieses von Gerhard T. Buchholz inszenierten Films. Barbara Rütting (Ilse Krüger) und Horst Niendorf (Max Beutner) in den Hauptrollen halfen mit, das brisante Thema in bewegte Bilder umzusetzen.*

Ein dunkler, trüber Frühjahrsmorgen »drüben«, in der DDR. Durch das Treppenhaus einer völlig verwahrlosten, aber von vielen Parteien bewohnten Villa schlürft ein männliches Wesen und klingelt an den Türen. Fünf Wohnparteien aus den verschiedensten Lebenskreisen: – die junge Lehrerin Ilse Krüger, der sogenannte Pressezeichner Benno Perlitz, der junge, zum Volksrichter avancierte, aktivistische Monteur Max Beutner; Plischke, der soeben enteignete Inhaber eines kleinen Lebensmittelladens mit Frau und drei Söhnen und der Universitätsprofessor Dr. Dr. Gomoll mit Frau und adliger Schwiegermutter werden unsanft von seinem Klingeln aus dem Schlaf geweckt. Zu Tode erschrocken, entsprechend verängstigt, von den Nachbarn belauert, finden sie unter ihrer Türschwelle oder im Briefkasten, natürlich unabhängig voneinander, gleichlautende anonyme Briefe: »Es ist alles herausgekommen. Flüchten Sie, so lange es noch Zeit ist. Näheres und mögliche Hilfe unter Turteltaube postlagernd Stahlfurth«. Und nun geschieht das Seltsame, ja Tragikomische – Gespenstische: In allzuberechtigter, stetiger Katastrophenbereitschaft verlassen alle diese Menschen ohne Rücksicht auf Besitz, Position und menschliche Bindung, ohne eine lautgewordene Frage auch nur nach der Berechtigung dieser Warnung, nur mit dem Allernötigsten versehen, das Haus. Nacheinander erscheinen sie hier bei der Journalistin, an die sie durch die Postlager-Adresse der anonymen Warnung gewiesen worden sind und verlangen von ihr über das Wie und Wieso und Warum Aufklärung des Ganzen. – Sie muß es doch wissen! Und sie weiß es auch, allzugenau! Aber nur Ilse Krüger gegenüber, die bei ihr Zuflucht gefunden hat, bringt sie den Mut auf, schon jetzt die ganze Wahrheit zu sagen. – Sie ist tragikomisch genug: Ihr jüngerer Bruder, Wolfgang Hartung, drüben Redakteur und zugleich Hausvertrauensmann, ist nach gründlicher Schulung in der Gefangenschaft einer »befreundeten Großmacht« zum idealistisch verblendeten Aktivisten geworden. Gleich nach dem schwesterlichen Besuch, der natürlich zu heftigen Meinungsverschiedenheiten zwischen den Geschwistern führte, hat er die von seiner Schwester in einem Streitgespräch vorgeschlagene Idee einer Bewährungsprobe durch anonyme Warnungen in die Tat umgesetzt, um zu beweisen, wie falsch und verhetzt sie denkt, vielleicht auch, um die erwachende eigene innere Unsicherheit loszuwerden. Die Journalistin hat Verantwortungsbewußtsein genug, sich mit allen Mitteln für die existenzlos gewordenen Opfer ihres Einfalls einzusetzen, denn ein Zurück gibt es für keinen von ihnen. Von ihnen allen aber ist Fürchtegott Plischke der zutiefst Gewandelte. Er, ein Mensch, der von sich selbst zugibt, sein Leben lang Angst gehabt zu haben, – als Kind vor dem Hund, als Soldat vor dem Unteroffizier, als Parteigenosse der NSDAP vor dem Blockwalter und als Genosse vor dem Hausvertrauensmann, – wird hier, in der Gemeinschaft freier Menschen zum erstenmal ein Mensch *ohne* Angst. Sie zu überwinden lernt auch der Mann, der vor Wochen aus seiner politischen Verbohrtheit heraus Anlaß dieser ganzen tragikomischen Begebenheit war, Wolfgang Hartung, der nun selbst bei Nacht und Nebel zu seiner Schwester nach Stahlfurth fliehen mußte. Als es am Morgen draußen an der Tür klingelt, taumelt er schlaftrunken, fluchtbereit und fluchtentschlossen wie immer hoch, aber die eintretende Schwester kann ihn liebevoll und lächelnd beruhigen: »Schlaf ruhig weiter! Es ist nur der Milchmann!« Und auch er braucht keine Angst mehr zu haben...

1968

Praktiken in der Urzelle

Enzyklika
»Humanae vitae« veröffentlicht

In ihr bekräftigte Papst Paul VI. am 29. Juli 1968 die traditionelle Haltung der römisch-katholischen Kirche in der Frage der Geburtenregelung. Das Dokument, das das Datum vom 25. Juli trägt, verbietet den Katholiken jede Form von Empfängnisverhütung (die Pille genauso wie andere künstliche Mittel), Sterilisierung und Abtreibung. Die Empfängnisverhütung im Rahmen der biologischen Gesetze sei dagegen zulässig. Den Wissenschaftlern wird in der Enzyklika nahegelegt, mit der Erforschung der unfruchtbaren Tage der Frau unter Beachtung der natürlichen Zyklen fortzufahren. An die Regierungen appellierte der Papst: »Laßt nicht zu, daß die Sittlichkeit eurer Völker abgleitet. Nehmt es nicht einfach hin, daß sich auf legale Weise in jene Urzelle, die die Familie ist, Praktiken eindrängen, die im Gegensatz zum Naturgesetz und zum göttlichen Gesetz stehen.« Der Weg, den die Regierungen zur Lösung des Bevölkerungsproblemes gehen müßten, sei »der Weg einer vorausschauenden Familienpolitik, einer weitblickenden Erziehung des Volkes, die das Sittengesetz, die Freiheit des Bürgers achtet.« *(SZ)*

1971

Im Auto auf dem Mond
Großer Erfolg der amerikanischen Raumfahrt

Nach einem dreitägigen Flug erreichte am 29. Juli 1971 das amerikanische Raumschiff Apollo 15 die Umlaufbahn um den Mond. 26 Stunden später, am 30. Juli 1971 um 23.16 Uhr, landeten zum vierten Male Menschen auf dem Mond. Kurz vor der Landung hatte es noch Schwierigkeiten gegeben, als die Mondfähre vom Mutterschiff abgekoppelt werden sollte. Ein gelockertes elektrisches Kabel war an der Panne schuld; nach der Reparatur legte die Landefähre mit halbstündiger Verspätung von Apollo 15 ab. Zehn Stunden nach ihrer Landung betraten die Astronauten David Scott und James Irwin den Mondboden. Zweimal unternahmen sie mit einem eigens konstruierten Auto eine längere Exkursion; beim ersten Mal legten sie rund 10, beim zweiten rund 15 Kilometer zurück. Die Ausbeute an Mondgestein war reich. Am

2. August kehrten die Astronauten zum Mutterschiff zurück. Nach zwölftägigem Raumflug landete Apollo 15 am 7. August 1971 im Pazifik. *(SZ)*

1981

Eine Stunde ungetrübten Glücks

Prinz Charles von England
und Lady Diana Spencer feiern Hochzeit

Tausende von Zuschauern entlang der Straßen Londons und weitere zig-Millionen vor den Fernseh-Bildschirmen in aller Welt feierten und bejubelten das illustre Brautpaar, Kronprinz Charles von England und seine bildhübsche Auserwählte »Lady Di«, am 29. Juli 1981. Die »Bunte« berichtete in einem Sonderbildband von diesem höchst »farbigen« Ereignis:

Die Presse, die sehr zahlreich vertreten war, um Dianas letztes Auftreten vor der Hochzeit mitzuerleben, hatte nur Augen für sie. Das ständige Surren der Kameras machte sie nervös, sie fühlte sich entsetzlich beengt. Auf Schritt und Tritt wurde sie verfolgt, so daß es ihr unmöglich war, das Ereignis richtig zu genießen.

Schließlich wurde ihr alles zuviel. Ganz unvermittelt stürzte sie zu ihrem Wagen, wo sie von ihrer Begleiterin, Lady Romsey, tröstend in die Arme genommen wurde. Jeder konnte sehen, daß sie in Tränen aufgelöst war. Das war das dramatische und unglückliche Ende ihrer bisher höchst erfolgreichen Lehrzeit für ihre zukünftige Stellung. Die Presseleute empfanden so etwas wie Skrupel, weil sie hier zu weit gegangen waren.

Wie Prinz Charles am Tag darauf erklärte, hatte sich Lady Diana wieder gefangen, nun konzentrierte sich die ganze Aufmerksamkeit auf den Hochzeitstag. Diana hatte die Trauungszeremonie mehrmals in der St. Paul's Cathedral geübt. Als sich bei herrlichem Wetter die Straßen Londons mit Menschen füllten, war man allgemein zuversichtlich, daß alles gut verlaufen würde. Nach fünfmonatiger intensiver und peinlich genauer Vorbereitung war es kaum denkbar, daß jetzt noch irgend etwas schiefgehen konnte.

Der Hochzeitstag rechtfertigte diesen Optimismus. Lady Diana wurde bei Tagesanbruch im Clarence House geweckt. Ihre Friseuse, die Kosmetikerin und ihre Schneiderin standen bereit, um sie für ihren großen Auftritt vorzubereiten.

Auf den Straßen war die Bevölkerung schon früh auf den Beinen und beobachtete, wie Abteilungen der Polizei und Soldaten vorübermarschierten, um ihre Positionen auf dem zwei Meilen langen Zug einzunehmen.

Kurz vor zehn Uhr verließen nach und nach königliche und andere prominente Gäste den Buckingham Palace und fuhren in glänzenden Limousinen in Richtung St. Paul's Cathedral. Ihr Erscheinen erhöhte die Begeisterung der Menge, die sich dicht um das Queen Victoria Memorial und auf den Gehsteigen entlang der Mall drängte.

Einer der beliebtesten Plätze, der sich schneller als die anderen füllte, war das Gebiet um die Zufahrtsstraße von der Mall zum Clarence House, wo sich die Braut zum erstenmal in ihrem bis dahin streng geheimgehaltenen Hochzeitskleid den Schaulustigen zeigen sollte. Kurz nachdem die acht königlichen Kutschen den Palace verlassen hatten – in der letzten saß Prinz Charles –, richteten sich alle Augen und Hunderte von Kameras auf das Clarence House.

Als Diana schließlich erschien, war die Sensation perfekt. Sie fuhr in der hübschen geschlossenen Glaskutsche – seit fast sechzig Jahren die Kutsche für königliche Bräute – an der Seite ihres stolzen Vaters, war eingehüllt in Tüll und romantische Spitzen. Die Menge bewunderte ihr glitzerndes Diadem aus dem Familienschmuck der Spencers. Es war neben ein paar Ohrringen ihr einziges Schmuckstück.

Auf ihrer zwanzigminütigen Fahrt zur Kathedrale erhielt sie von allen Seiten Beifall. Das ungetrübte Glück der Stunde, das Gefühl, einen großen historischen Augenblick zu erleben, die Farbenpracht und das Schauspiel der Flaggen, der geschmückten Straßen, der Blumen, der rotuniformierten Soldaten, der blumengeschmückten Pferde, der glänzend lackierten Kutschen versetzte die Menschen in einen wahren Taumel der Begeisterung. Und die Heldin grüßte errötend hinter ihrem elfenbeinfarbenen Schleier.

Was folgte, stellte Dianas Nerven auf eine harte Zerreißprobe. Auch wenn sie sich bisher recht selbstbewußt gezeigt hatte – würde sie den Anforderungen einer Zeremonie, die seit Generationen nicht mehr stattgefunden hatte, genügen? Doch sie meisterte alles souverän.

Eine zusätzliche Belastung bedeutete für sie, daß ihr Vater, der noch immer unter den Nachwirkungen einer Gehirnblutung litt, an der er vor drei Jahren fast gestorben wäre, die Stufen zur Kathedrale hinaufgeführt werden mußte. Er war so unsicher auf den Beinen, daß Diana, als sie durch die Kathedrale schritten, ihn stützen mußte statt von ihm gestützt zu werden. Später äußerte er sich voller Dankbarkeit: »Sie war eine echte Hilfe für mich.«

Während der fast melodramatischen Trauungszeremonie leistete sich Diana einen Versprecher, über den die Engländer heute noch lachen: Sie sagte die vier Vornamen von Charles in verkehrter Reihenfolge auf. Aber wieder strahlte sie Selbstbewußtsein und Natürlichkeit aus und trug mit ihren festen und klaren Antworten entscheidend zum schönen und feierlichen Verlauf der Zeremonie bei.

Jedes ihrer Gelöbnisse wurde von der Menge, die draußen vor der Kathedrale wartete, mit lautem Beifall belohnt, den man bis ins Innere der Kirche hörte. In diesem Augenblick hat die ganze Nation, ja die ganze Welt die schöne Diana ins Herz geschlossen. Die Rückfahrt zum Buckingham Palace war ein einziger Triumphzug, und als das glückliche Paar schließlich auch noch den Zurufen der zehntausendköpfigen Menge gehorchte und sich auf dem Balkon des Buckingham Palace küßte – was vor ihm noch nie ein königliches englisches Paar gewagt hatte –, da waren die beiden endgültig auf dem Gipfel der Popularität angelangt.

Prinz Charles hatte dafür ein ganzes Jahrzehnt gebraucht, Prinzessin Diana nur ein halbes Jahr.

Auch die Abreise des Paares aus dem Buckingham Palace lockte Zehntausende auf die Straßen. Diana trug ein Ensemble in hellem Pink und ein kleines, elegantes Federhütchen. An der Seite ihres Mannes fuhr sie in der Kutsche vom Buckingham Palace ab und wurde auf dem ganzen Weg zur Waterloo Station von der Menge stürmisch gefeiert. Zwei Stunden später trafen die Jungvermählten in Romsey ein. Auch hier standen die Leute Spalier, den ganzen Weg bis nach Broadlands, wo Charles und Diana die ersten Tage der Flitterwochen verbringen wollten. Danach konnte das Volk nur noch einen kurzen Blick auf sie werfen, ehe Charles und Diana nach Gibraltar flogen.

Dort das gleiche Bild: Jubelnde Menschen empfingen das Paar. Auf der ganzen Strecke vom Regierungsgebäude zum Hafen nahmen die Hochrufe kein Ende.

Charles und Diana blieben nur zwei Stunden in Gibraltar. Dann stachen sie mit der königlichen Jacht »Britannia« in See, um vierzehntägige Flitterwochen auf den griechischen Inseln zu verbringen.

In dieser Zeit waren sie ungestört. Sie verbrachten die Zeit damit, an Privatstränden zu schwimmen und archäologische Ausgrabungsstätten zu besuchen. Und vor allem genossen sie das Alleinsein.

Diesen Teil ihrer Flitterwochen beendeten sie mit einem Besuch bei Präsident Sadat in Ägypten. Nach der herzlichen Umarmung zu urteilen, mit der sich dieser nach zwei Tagen von Diana verabschiedete, schien sie einen sehr guten Eindruck auf ihn gemacht zu haben.

Mit gemischten Gefühlen kehrte Diana aus dem Mittelmeerraum in das kühlere Klima Balmorals zurück. Für kurze Zeit waren sie und Charles ungestört und frei von jeder Verpflichtung gewesen, nun war ihre Idylle zerronnen wie ein Traum. Doch Diana kommt auch sehr gern nach Balmoral zurück – dem »schönsten Platz der Welt«.

Mit diesem Ort verbinden sie so viele Erinnerungen:

das Picknick am Tag der Ermordung von Lord Mountbatten, das erste bedeutungsvolle Rendezvous mit Charles, das Wochenende nach ihrer Verlobung, ein fünftägiger Aufenthalt nach der Rückkehr des Prinzen. All dies war Balmoral, wo sich nach Charles' Worten auch sein Schicksal entschieden hatte.

Doch wenn man den Gerüchten Glauben schenkt, verlief nun nicht alles ganz glatt. Dianas offensichtliche Unfähigkeit, sich den Gepflogenheiten ihrer angeheirateten Familie anzupassen, verursachte Probleme. Das Alltagsleben war von Formalitäten bestimmt, die sie nicht gewohnt war und die sie für unnötig hielt. Ausgedehnte Dinner mit dem anschließenden »Small talk« langweilten sie entsetzlich.

Sie konnte sich auch nicht daran gewöhnen, die Bediensteten auf »königliche Weise« zu behandeln. Es entsprach nicht ihrem Naturell, kurz angebunden und unverbindlich zu sein.

Als größter Zankapfel aber erwies sich die Jagd. Sie scheint keine Lust zu haben, Birkhühner und Rotwild zu schießen. Sie soll sogar ein Geschenk der Königin, einen Jagdhund, abgelehnt haben.

Einige Monate später bestätigte ein weiteres Gerücht ihre Antipathie gegenüber der Jagd: In Sandringham entbrannte zwischen ihr und Charles ein Streit, bei dem sie zu ihm sagte: »Du weißt genau, daß ich gar nicht hierherkommen wollte.« Ihre Abneigung gegenüber der Jagd wurde zweifellos auch noch durch ein Gerede genährt, demzufolge sie in Balmoral einen Hirsch so unglücklich getroffen haben solle, daß er von den übrigen Jagdteilnehmern erlegt werden mußte.

Ende Oktober nahm Charles Diana nach Wales mit, um sie den Walisern als ihre Prinzessin vorzustellen. Die Drei-Tage-Tour gestaltete sich über Erwarten erfolgreich. Das Paar wurde im ganzen Land freundlich aufgenommen. Überall gab es lächelnde Gesichter, Händeschütteln und Hallorufe. Die Leute kamen vor allem Dianas wegen, obwohl das Wetter miserabel war.

Und sie tat genau das Richtige, schüttelte jedem die Hand, sprach mit Behinderten, beugte sich zu den Kindern hinunter, nahm massenweise Blumen entgegen und Geschenke aller Art. Den Höhepunkt des Besuchs bildete die Zeremonie in der City Hall in Cardiff, bei der sie die Ehrenbürgerwürde der Stadt erhielt.

Kleinere Reisen und Verpflichtungen folgten. Es schien, als wolle sich die neue Prinzessin von Wales so vielen Menschen wie nur irgend möglich zeigen. Und überall schlug ihr Sympathie entgegen. Deutlicher hätten die Briten ihrem künftigen König nicht zeigen können, wie sehr sie sich über die Wahl seines Herzens freuen. Ziemlich genau neun Monate später, im April 1982, hatten sie noch einen weiteren Grund zum Jubeln: Der Grund hieß William, ein properes Baby, bei dessen Geburt der stolze Vater selbst mitgeholfen hatte. Auf die Frage der Reporter, ob es ihm denn ähnlich sähe, antwortete Charles bescheiden: »Glücklicherweise nicht«.

Rekorde des Tages

Schneller laufen, weiter springen, tiefer tauchen – der Mensch will hoch hinaus. Seit der Neandertaler hinter Hasen her- und vor Bären davonlief, jagt der Mensch Rekorden nach – einem kleinen Stück Unsterblichkeit, das beispielsweise Herrn P. (8000 bemalte Ostereier) mit Picasso (13500 Gemälde) verbindet und die Kopenhagener Friseure (33 Jahre Streik) mit Mozart (der in gleicher Zeit 1000 Meisterwerke schuf). Hier »Ihre« persönlichen Geburtstagsrekorde:

Am 29. Juli 1979 überreichten 480 englische Künstler ihrem Auftraggeber, der »British Safety Council at South Bank«, das größte Poster der Welt: das 243,80 Meter breite und 3,48 Meter hohe Kolossalwerk leistet seither gute Dienste in der Wandelhalle, wo es ungezählte Schadstellen überdeckt und den Ankauf von -zig Bildern mit normalen Maßen überflüssig macht.

Am 29. Juli 1973 verzeichnete das »Summer-Jam«-Pop-Festival in Watkins Glen (USA) eine Rekord-Zuhörerschaft von 1 Million und 200000 Ohren (= 600000 Köpfe), von denen allerdings nur 150000 auch auf die Idee kamen, den Eintritt zu bezahlen.

Den Langstreckenrekord im Kanufahren dürfte Martin Rausch aus Remscheid halten, der am 29. Juli 1980 in Ingolstadt allein in seinen »Zweier« stieg, um die gesamte schöne, blaue Donau bis zum Delta am Schwarzen Meer abzupaddeln. Bis dort kam der fleißige Kanute via Bayern, Österreich, CSSR, Ungarn, Jugoslawien, Bulgarien und Rumänien auf einen Kilometerstand von 2501.

Chronik unseres Jahrhunderts
Welt- und Kulturgeschichtliches von 1900–1980

	Schlagzeilen	Kultur
1900	In Deutschland tritt Bürgerliches Gesetzbuch (BGB) in Kraft. Boxeraufstand in China niedergeschlagen. Erste Autodroschke in Berlin. Pariser Weltausstellung.	G. Hauptmann: Michael Kramer. Rilke: Geschichten vom lieben Gott. Puccini: Tosca. Sibelius: Finlandia. Max Planck begründet Quantentheorie. Erster Zeppelin.
1901	Friedens-Nobelpreis an H. Dunant und F. Passy. US-Präsident McKinley ermordet, Nachf. Th. Roosevelt. Ibn Saud erobert arab. Reich. Pers. Ölfelder erschlossen.	Physik-Nobelpreis an W. Röntgen. Th. Mann: Buddenbrooks. A. Schnitzler: Leutnant Gustl. I. Pawlow beginnt Tierexperimente. Erhaltenes Mammut in Sibirien gefunden.
1902	Italien erneuert Dreibund. L. Trotzki flieht aus Rußland. Südafrika brit. Kolonie. Frauenwahlrecht in Australien. Kuba Freistaat unter US-Protektorat.	Literatur-Nobelpreis an Th. Mommsen. Ibsen: Gesammelte Werke. D'Annunzio: Francesca da Rimini. Debussy: Pelleas et Melisande. Cushing: Erste Nervennaht.
1903	USA erwerben Panamakanalzone. Judenpogrome in Rußland. Ford gründet Autogesellschaft. Siemens-Schuckert-Werke gegründet. Erste Tour de France.	G. Hauptmann: Rose Bernd. G. Klimt: Deckengemälde in der Wiener Universität. Schnitzler: Reigen. Erster Motorflug der Brüder Wright. Steiff ersinnt Teddybär.
1904	Herero-Aufstand in Deutsch-Südwestafrika. Frz.-brit. »Entente cordiale«. Tagung der 2. Internationale in Amsterdam. Autofabrik Rolls Royce gegr. Daimler-Werk in Untertürkheim.	A. Holz: Daphnis. Puccini: Madame Butterfly. Th. Boveri entdeckt Chromosomen als Erbträger. M. Curie erforscht radioaktive Substanzen. Duncan gründet Tanzschule.
1905	Friedens-Nobelpreis an B. v. Suttner. Sieg Japans im Krieg gegen Rußland. Zar erläßt Verfassung. Bergarbeiterstreik im Ruhrgebiet. Schweizerische Nationalbank.	Gorki: Die Mutter. H. Mann: Professor Unrat. R. Strauss: Salomé. Erster (frz.) Film. Medizin-Nobelpreis an R. Koch für Tuberkuloseforschung. Elektr. Glühlampe.
1906	Friedens-Nobelpreis an Th. Roosevelt. Südafrika erhält von Großbritannien Recht auf Selbstverwaltung. A. Dreyfus freigesprochen. Schah gibt Persien Verfassung.	Erste internationale Konferenz für Krebsforschung in Heidelberg u. Frankfurt/Main. Größerer Vesuvausbruch. Erdbeben und Großfeuer vernichten San Francisco.
1907	Allgemeines Wahlrecht in Österreich. Lenin flieht ins Ausland. Stalin überfällt Geldtransport für bolschewist. Parteikasse. Royal-Dutch-Shell-Gruppe gegründet.	Mahler geht an die Metropolitan Oper New York. Ido als reform. Esperanto. Picasso wendet sich dem Kubismus zu. C. Hagenbeck gründet Hamburger Tierpark.
1908	Hamburgisches Weltwirtschaftsarchiv. Österreich-Ungarn annektiert Bosnien und Herzegowina. Luftschiffbau Zeppelin. Einschlag eines Riesenmeteors in Sibirien.	Chemie-Nobelpreis an E. Rutherford (Radioaktivität). Freud: Charakter und Analerotik. Rilke: Neue Gedichte. G. E. Hale entdeckt Magnetfelder der Sonnenflecken.

Schlagzeilen	Kultur	
Neue dt. Verbrauchssteuern. Vorentwurf für neues dt. Strafgesetzbuch. Dt. Kfz-Gesetz. Schah flieht nach nationalist. Aufstand nach Rußland. Erste Dauerwelle.	Literatur-Nobelpreis an S. Lagerlöf. Duse verläßt Bühne. S. Diaghilew zeigt Ballet Russe in Paris. Mahler: 9. Symphonie. R. Strauss: Elektra. R. E. Peary am Nordpol.	1909
Japan annektiert Korea. Weltausstellung in Brüssel. China schafft Sklaverei ab. Erste Kleinepidemien an Kinderlähmung in England. Portugal wird Republik.	Strawinsky: Der Feuervogel. Karl May: Winnetou. Rilke: Aufzeichnungen des Malte Laurids Brigge. Manhattan-Brücke in New York. Käthe Kruse-Puppen.	1910
Reichsversicherungsordnung. Erstmalig Flugzeuge bei dt. Manövern. Regierungskrise in Österreich. Sozialversicherung in England. Kanada baut eigene Flotte.	Hofmannsthal: Der Rosenkavalier, Jedermann. Mahler: Das Lied von der Erde. A. Schönberg: Harmonielehre. R. Wagner: Mein Leben (postum). Erste dt. Pilotin.	1911
Dt. Kolonialbesitz 3 Mio. km² mit 12 Mio. Einwohnern. Untergang der Titanic. Erster engerer Kontakt Lenins mit Stalin. Beginn des Balkankrieges gegen die Türkei.	Literatur-Nobelpreis an G. Hauptmann. R. Strauss: Ariadne auf Naxos. Shaw: Pygmalion. Nofretete-Büste aufgefunden. Röntgenstrahlen. Nichtrostender Krupp-Stahl.	1912
Sylvia Pankhurst (engl. Suffragetten-Führerin) wiederholt festgenommen. Internationaler Gewerkschaftsbund in Amsterdam. Woodrow Wilson Präsident der USA.	Literatur-Nobelpreis an R. Tagore (Indien). Freud: Totem und Tabu. Strawinsky: Le Sacre du printemps. Th. Mann: Der Tod in Venedig. Alex. Behm: Echolot.	1913
Ausbruch des Ersten Weltkrieges. Übergang zum Stellungskrieg in West und Ost. Schlacht bei Tannenberg. Höhepunkt d. engl. Suffragettenbewegung. Gandhis Rückkehr nach Indien.	Th. Mann: Tonio Kröger. Erste dt. Abendvolkshochschulen. Jazz dringt in Tanzmusik ein. Sechsrollen-Rotationsmaschine druckt 200000 achtseitige Zeitungen/Stunde.	1914
Winterschlacht in den Masuren: russ. Armee vernichtet. Dt. Luftangriffe auf London u. Paris. Beginn der Isonzoschlachten. Verschärfter dt. U-Boot-Krieg.	Literatur-Nobelpreis an R. Rolland. Meyrink: Der Golem. Scheler: Vom Umsturz der Werte. Blüte des klass. New Orleans-Jazzstils, durch weiße Musiker Dixieland.	1915
Bildung dt. Fliegerjagdstaffeln. Anwendung hochwirksamer Gase an den Fronten. Entscheidungslose Seeschlacht vor dem Skagerrak. Gasmaske u. Stahlhelm im dt. Heer.	Kafka: Die Verwandlung. M. Liebermann: Die Phantasie in der Malerei. F. Sauerbruch konstruiert durch Gliedstumpfmuskeln bewegliche Prothesen.	1916
USA erklären Deutschland den Krieg. Uneingeschränkter dt. U-Boot-Krieg. G. Clémenceau frz. Ministerpräsident. Erschießung Mata Haris als dt. Spionin in Paris.	G. Benn: Mann u. Frau gehen durch eine Krebsbaracke. Hamsun: Segen der Erde. Pfitzner: Palestrina. O. Respighi: Le fontane di Roma. DIN-Ausschuß gegründet.	1917
Ende des Ersten Weltkrieges. Allgem. dt. Frauenstimmrecht. Gründung der KPD. Ungar. Republik ausgerufen. Gründung der Republiken Litauen, Estland u. Lettland.	Physik-Nobelpreis an M. Planck. H. Mann: Der Untertan. H. St. Chamberlain: Rasse und Nation. J. Péladan: Niedergang d. lat. Rasse. Film: Ein Hundeleben (Ch. Chaplin).	1918
R. Luxemburg u. K. Liebknecht von Rechtsradikalen ermordet. Ebert erster Reichspräsident. Friedensverträge von Versailles u. St. Germain. NSDAP gegründet.	R. Strauss: Frau ohne Schatten. K. Kraus: Die letzten Tage der Menschheit. V. Nijinskij geisteskrank. Abschaffung der Todesstrafe in Österr. Prohibition in den USA.	1919
Hitlers 25-Punkte-Programm im Münchener Hofbräuhaus. Ständiger Internat. Gerichtshof im Haag gegr. O. Bauer: Austromarxismus. Maul- u. Klauenseuche in Dtld.	Literatur-Nobelpreis an Hamsun. E. Jünger: In Stahlgewittern. Mallarmés Nachlaß erscheint. Strawinsky: Pulcinella. Dt. Lichtspielgesetz mit Filmzensur.	1920

	Schlagzeilen	Kultur
1921	Erstes Auftreten der SA. Habsburger in Ungarn entthront. X. Parteitag der russ. Kommunisten bekräftigt Einheit der Partei. K. P. Atatürk verkündet Verfassung.	Physik-Nobelpreis an Einstein. A. Heusler: Nibelungensage. C. G. Jung: Psycholog. Typen. Kretschmer: Körperbau und Charakter. E. Munch: Der Kuß.
1922	Rathenau von Rechtsradikalen ermordet. Deutschlandlied Nationalhymne. Mussolini Ministerpräsident. Nansenpaß für staatenlose Flüchtlinge. Bildung der UdSSR.	Pius XI. Papst (bis 1939). Galsworthy: Forsyte-Saga. Hesse: Siddharta. J. Joyce: Ulysses. Spengler: Untergang des Abendlandes. A. Schönberg: Zwölftonmusik.
1923	Ruhrbesetzung durch Frankreich. Inflationshöhepunkt 1 $ = 4,2 Bill. RM. Hitler-Ludendorff-Putsch in München. Muttertag aus den USA. Erdbeben in Tokio.	Th. Mann: Felix Krull. Rilke: Duineser Elegien. Picasso: Frauen. Freud: Ich und Es. Erstes dt. Selbstwähler-Fernamt. Erste Polarstation der UdSSR.
1924	Hitler schreibt Mein Kampf. Attentat auf I. Seipel. G. Mateotti von Faschisten ermordet. Trotzki abgesetzt u. verbannt. 200 000 illegale Abtreibungen/Jahr vermutet.	Th. Mann: Zauberberg. Gershwin: Rhapsodie in blue. Puccini: Turandot. Film: Nibelungen (F. Lang), Berg d. Schicksals (L. Trenker). Tod Mallorys u. Irvings am Mt. Everest.
1925	Friedens-Nobelpreis an Chamberlain u. Dawes. Neugründung der NSDAP. Bildung der SS. Verschärfung der faschist. Diktatur in Italien. Greenwichzeit Weltzeit.	Literatur-Nobelpreis an G. B. Shaw. F. S. Fitzgerald: Big Gatsby. A. Berg: Wozzek. Film: Ein Walzertraum, Goldrausch (Ch. Chaplin). Charleston »der« Tanz.
1926	Friedens-Nobelpreis an Briand u. Stresemann. SPD gegen Reichswehr. Hitlerjugend gegründet. Lord Halifax brit. Vizekönig in Indien. Mussolini »Duce«.	St. Zweig: Verwirrung d. Gefühle. Film: Metropolis (F. Lang), Faust (F. W. Murnau), Panzerkreuzer Potemkin (S. M. Eisenstein). Elektrische Schallplattentechnik.
1927	Arbeiterunruhen in Wien, Justizpalastbrand. Attentat auf Mussolini, Todesstrafe wieder eingeführt. Japan. Konflikt mit China. Erster Fünfjahresplan in der UdSSR.	Hesse: Steppenwolf. Zuckmayer: Schinderhannes. Heidegger: Sein und Zeit. Josephine Baker in Paris. Ch. A. Lindbergh überfliegt Nordatlantik nonstop.
1928	Reichs-Osthilfe für Ostpreußen. W. Miklas österr. Bundespräsident (bis 1938). St. Radic von serb. Radikalen ermordet. Tschiang Kaischek einigt China.	D. H. Lawrence: Lady Chatterley. St. Zweig: Sternstunden d. Menschheit. Disneys erste Micky-Maus-Stummfilme. Ravel: Bolero. Weill: Dreigroschenoper.
1929	Himmler Reichsführer SS. Trotzki ausgewiesen. Börsenkrach, Weltwirtschaftskrise (bis ca. 1933). Indien fordert Unabhängigkeit. Stalin Alleinherrscher.	Literatur-Nobelpreis an Th. Mann. Döblin: Berlin Alexanderplatz. Weill: Mahagonny. Tonfilm. Erste Fernsehsendung in Berlin. Fleming: Penicillin-Forschung.
1930	Rücktritt Regierung Müller. Brüning neuer Reichskanzler. Erster NS-Minister in Thüringen. Österr.-ital. Freundschaftsvertr. Bau d. frz. Maginotlinie.	Ortega y Gasset: Aufstand der Massen. Hesse: Narziß und Goldmund. Musil: Mann ohne Eigenschaften. Film: Der blaue Engel. Schmeling Boxweltmeister.
1931	Verbot einer dt.-österr. Zollunion. Harzburger Front: Bündnis v. Konservativen u. NSDAP. Hoover-Moratorium für internat. Zahlungen. Spanien Republik.	Enzyklika »Quadragesimo anno«. Broch: Die Schlafwandler. Carossa: Arzt Gion. Kästner: Fabian. † Schnitzler, österr. Dichter. Film: Lichter der Großstadt.
1932	Reichspräs. Hindenburg wiedergewählt. Absetzung der preuß. Regierung. Wahlsieg der NSDAP. Ende der Reparationszahlungen. Lindbergh-Baby entführt.	Physik-Nobelpreis an Heisenberg. Brecht: Heilige Johanna. A. Schönberg: Moses u. Aaron (Oper). Film: M, Der träumende Mund. Olympische Spiele in Los Angeles.

Schlagzeilen	Kultur	
Hitler Reichskanzler (»Machtergreifung«). Reichstagsbrand. Goebbels Propagandaminister. Zerschlagung der Gewerkschaften und Parteien in Deutschland.	Dt. Konkordat mit dem Vatikan. Bücherverbrennung in Berlin. † St. George, dt. Dichter. R. Strauss: Arabella. Film: Hitlerjunge Quex, Königin Christine.	1933
Ermordung der SA-Führung u. vieler Regimegegner beim sog. Röhm-Putsch. Tod Hindenburgs. Hitler Alleinherrscher. Diplomatische Beziehungen USA-UdSSR.	Barmer Bekenntnissynode. † M. Curie, frz. Physikerin. P. Hindemith: Mathis der Maler (Symphonie). Film: Maskerade. Gangster Dillinger in den USA erschossen.	1934
Friedens-Nobelpreis für Ossietzky (im KZ). Saarland wieder dt. Allg. Wehrpflicht in Deutschland. Dt.-engl. Flottenabkommen. Antijüd. Nürnberger Gesetze.	H. Mann: Henri Quatre. Chagall: Verwundeter Vogel (Gemälde). Egk: Die Zaubergeige (Oper). Film: Anna Karenina, Pygmalion. Erfindung der Hammond-Orgel.	1935
Besetzung des Rheinlands durch dt. Truppen. Volksfrontregierung in Frankreich. Annexion Abessiniens durch Italien. Beginn des span. Bürgerkrieges.	Großrechenmaschine von K. Zuse. Th. Mann ausgebürgert. E. Jünger: Afrikanische Spiele. Film: Traumulus, Moderne Zeiten. Olympische Spiele in Berlin.	1936
»Achse« Berlin–Rom. Stalinist. »Säuberungen« in der UdSSR. Beginn des japan.-chines. Krieges. Holländische Prinzessin Juliana heiratet Prinz Bernhard.	Verhaftung Pfarrer Niemöllers. Klepper: Der Vater. Picasso: Guernica (Gemälde). Orff: Carmina Burana (Kantate). Film: Die Kreutzersonate, Der zerbrochene Krug.	1937
Anschluß Österr. an Deutschland. Münchener Abkommen der Großmächte: ČSR tritt Sudetenland an Deutschland ab. Judenverfolgung in der sog. Reichskristallnacht.	† Barlach, dt. Künstler. Sartre: Der Ekel. Scholochow: Der Stille Don. Film: Tanz auf dem Vulkan. Urankernspaltung durch Hahn und Straßmann.	1938
Zerschlagung der »Resttschechei«. Rückkehr des Memelgebietes zum Dt. Reich. Hitler-Stalin-Pakt. Ausbruch 2. Weltkrieg. Dt. Sieg über Polen (»Blitzkrieg«).	Pacelli als Papst Pius XII. † Freud, österr. Psychologe. Th. Mann: Lotte in Weimar. Seghers: Das siebte Kreuz. Film: Bel ami. 800-m-Weltrekord durch Harbig.	1939
Dänemark u. Norwegen von dt. Truppen besetzt. Dt. Sieg über Holland, Belgien, Frankreich. Luftschlacht um England. Pétain frz. Staatschef. Churchill brit. Premier.	Hemingway: Wem die Stunde schlägt. R. Strauss: Liebe der Danae (Oper). † Klee, dt. Maler. Film: Jud Süß, Der große Diktator. Winterhilfswerk in Deutschland.	1940
Dt. Afrika-Korps unter Rommel. Dt. Truppen erobern Jugoslawien, Griechenland. Dt. Angriff auf UdSSR. Kriegseintritt der USA nach japan. Überfall auf Pearl Harbor.	Brecht: Mutter Courage. Werfel: Das Lied von Bernadette. Film: Reitet für Deutschland, Friedemann Bach, Citizen Kane. Schlager: Lili Marleen.	1941
Schlacht um Stalingrad. NS-Programm zur Judenvernichtung. Dt. Sieg in Tobruk, Niederlage bei El Alamein. US-Seesieg bei den Midway Inseln über Japan.	Freitod St. Zweig, dt. Dichter. Lindgren: Pippi Langstrumpf. Schostakowitsch: 7. Symphonie. Film: Bambi, Diesel. US-Atombombenprogramm.	1942
Kapitulation der dt. Stalingradarmee u. des Afrikakorps. Zusammenbruch Italiens. Großangriff auf Hamburg. Ende der Widerstandsgruppe »Weiße Rose«.	Hesse: Das Glasperlenspiel. Th. Mann: Josephsromane. † Reinhardt, dt. Regisseur. Orff: Die Kluge. Erster dt. Farbfilm (Münchhausen). Frankfurter Zeitung verboten.	1943
Rote Armee an der Weichsel. Invasion der Alliierten in Frankreich. Attentat auf Hitler scheitert am 20. Juli. Aufstand in Warschau. Raketenangriffe auf England.	Chemie-Nobelpreis an O. Hahn. Giraudoux: Die Irre von Chaillot. Sartre: Hinter verschlossenen Türen. † Kandinsky, russ. Maler. Film: Große Freiheit Nr. 7.	1944

	Schlagzeilen	Kultur
1945	Selbstmord Hitlers. Bedingungslose Kapitulation Deutschlands. Gründung der UN. Atombomben auf Japan. 2. Weltkrieg beendet. Vertreibung der ostdt. Bevölkerung.	Steinbeck: Straße der Ölsardinen. † Werfel, österr. Dichter. Britten: Peter Grimes (Oper). Film: Kolberg, Kinder des Olymp. Demontage u. Schwarzmarkt in Deutschland.
1946	Adenauer CDU-, Schumacher SPD-Vorsitzender. Urteile im Nürnberger Kriegsverbrecher-Prozeß. Entnazifizierung. Bildung der ostdt. SED. Italien Republik.	Literatur-Nobelpreis an Hesse. † Hauptmann, dt. Dichter. Zuckmayer: Des Teufels General. rororo-Taschenbücher im Zeitungsdruck. VW-Serienproduktion.
1947	Bildung der amerik.-brit. Bizone. Auflösung Preußens. US-Hilfe für Europa durch Marshall-Plan. UN-Teilungsplan für Palästina. Indien unabhängig.	Benn: Statische Gedichte. Borchert: Draußen vor der Tür. Th. Mann: Dr. Faustus. Bildung der Gruppe 47. Floßüberquerung des Pazifik durch Heyerdahl. New-Look-Mode.
1948	Blockade Berlins. Versorgung durch Luftbrücke. Währungsreform in dt. Westzonen. Gründung Israels. Gandhi ermordet. Konflikt Tito-Stalin.	Freie Universität Berlin gegründet. Kinsey-Report über Sexualität. Brecht: Puntila. Mailer: Die Nackten und die Toten. Film: Bitterer Reis, Berliner Ballade.
1949	Bildung von BRD und DDR, Adenauer erster Bundeskanzler, Heuss erster Bundespräsident. Griech. Bürgerkrieg beendet. Gründung der NATO. China Volksrepublik.	Ceram: Götter, Gräber u. Gelehrte. Jünger: Strahlungen. Orwell: 1984. † R. Strauss, dt. Komponist. Film: Der dritte Mann. Erstes SOS-Kinderdorf.
1950	Dt. Beitritt zum Europarat. Vietminh-Aufstand in Indochina gegen Frankreich. Indonesien unabhängig. Beginn des Korea-Krieges. Tibet von China besetzt.	Dogma von der Himmelfahrt Mariae. Ionesco: Die kahle Sängerin. † H. Mann, dt. Dichter. Film: Orphée (Cocteau), Schwarzwaldmädel, Herrliche Zeiten.
1951	Bildung der Montanunion. Eröffnung des Bundesverfassungsgerichts. UN-Oberbefehlshaber in Korea Mac Arthur abgesetzt. Friedensvertrag USA-Japan.	Gollwitzer: Und führen, wohin du nicht willst. Faulkner: Requiem für eine Nonne. Film: Ein Amerikaner in Paris, Grün ist die Heide. Herz-Lungen-Maschine erfunden.
1952	Deutschlandvertrag. Helgoland wieder dt. Wiedergutmachungsabkommen BRD-Israel. † Schumacher, SPD-Vors. Elisabeth II. Königin von England.	Friedens-Nobelpreis an Schweitzer. Beckett: Warten auf Godot. Hemingway: Der alte Mann und das Meer. Film: Lilli, Rampenlicht. Deutschland wieder bei Olymp. Spielen.
1953	Aufstand in der DDR. Wahlsieg der CDU. † Stalin, sowjet. Diktator. Waffenstillstand in Korea. Mau-Mau-Aufstand. Iran. Regierung gestürzt.	Heidegger: Einführung in die Metaphysik. Koeppen: Treibhaus. Henze: Landarzt (Funkoper). Film: Ein Herz und eine Krone. Erstbesteigung des Mount Everest.
1954	Pariser Verträge: Dt. Wiederbewaffnung. Aufstand in Algerien. Frz. Niederlage bei Dien Bien Phu: Teilung Indochinas. Kommunistenverfolgung in USA.	Th. Mann: Felix Krull (Ergänzung). Hartung: Piroschka. Liebermann: Penelope (Oper). Film: Die Faust im Nacken, La Strada. Rock'n' Roll. Deutschland Fußballweltmeister.
1955	Bildung des Warschauer Pakts. Adenauer in Moskau: Rückkehr der letzten Kriegsgefangenen, diplomat. Beziehungen mit UdSSR. Österr. Staatsvertrag.	† Einstein, dt.-amerik. Physiker, Th. Mann, dt. Dichter. Nabokov: Lolita. Film: Tätowierte Rose, Rififi, Ladykillers. Polio-Schluckimpfung. BMW-Isetta.
1956	Verbot der KPD. 20. Parteitag der KPdSU: Entstalinisierung. Volksaufstand in Ungarn. Israel besetzt den Sinai. Engl.-frz. Angriff auf Ägypten (Suez-Krise).	Bloch: Prinzip Hoffnung. † Brecht, dt. Dichter. Dürrenmatt: Besuch der alten Dame. Film: Der Hauptmann von Köpenick. Erstes Kernkraftwerk in England.

Schlagzeilen	Kultur	
Saarland 10. Bundesland. Absolute CDU-Mehrheit im Bundestag. Rapacki-Plan für atomwaffenfreie Zone. Sowjet. Sputnik-Satelliten, Mißerfolge der USA.	Heisenberg: Weltformel. Beckett: Endspiel. Frisch: Homo Faber. Fortner: Bluthochzeit (Oper). Film: Ariane, Die Brücke am Kwai. »Pamir« gesunken.	1957
Gründung der EWG. Berlin-Ultimatum der UdSSR. De Gaulle erster Staatspräsident der V. frz. Republik. Intervention der USA im Libanon. Scheidung Schah/Soraya.	† Papst Pius XII., Nachf. Johannes XXIII. Pasternak: Dr. Schiwago. Uris: Exodus. Henze: Undine (Ballett). Film: Wir Wunderkinder. Stereo-Schallplatte.	1958
Lübke 2. Bundespräsident. Godesberger Programm der SPD. Chruschtschow verkündet Politik der friedl. Koexistenz. Sieg der kuban. Revolution unter Castro.	Böll: Billard um halb zehn. Grass: Die Blechtrommel. Ionesco: Die Nashörner. Film: Rosen für den Staatsanwalt, Die Brücke, Dolce vita. Sowjetische Mondsonden.	1959
MdB Frenzel als Spion entlarvt. Kennedy zum US-Präs. gewählt. Frz. Atomstreitmacht (Force de frappe). Abschuß eines US-Aufklärers über UdSSR. Kongo-Unruhen.	Walser: Halbzeit. Sartre: Die Eingeschlossenen. Film: Glas Wasser, Psycho, Frühstück bei Tiffany. Privatisierung des VW-Werkes. Hary 10,0 Sek. auf 100 m.	1960
Berliner Mauer. CDU verliert absolute Mehrheit. Rebellion frz. Generäle in Algerien. Ermordung Lumumbas. US-unterstützte Schweinebucht-Landung auf Kuba gescheitert.	Amnesty International gegründet. Physik-Nobelpreis an Mössbauer. Neubau Berliner Gedächtniskirche. Frisch: Andorra. Gagarin erster Mensch in Erdumlaufbahn.	1961
Deutschlandbesuch De Gaulles. »Spiegel«-Affäre: Sturz v. Verteidigungsminister Strauß. Algerien unabhängig. Kuba-Krise: USA erzwingen Abbau sowjet. Raketen.	II. Vatikan. Konzil. Dürrenmatt: Die Physiker. † Hesse, dt. Dichter. Film: Dreigroschenoper. † Marilyn Monroe, US-Filmstar. Sturmflutkatastrophe in Hamburg.	1962
Dt.-frz. Freundschaftsvertrag. Kennedy in Deutschland. Rücktritt Adenauers, Erhard neuer Bundeskanzler. Kennedy ermordet. † Heuss, 1. Bundespräsident.	† Papst Johannes XXIII., Nachf. Paul VI. Hochhuth: Der Stellvertreter. † Gründgens, dt. Schauspieler. Film: Das Schweigen, Die Vögel. Fußball-Bundesliga.	1963
Brandt SPD-Vors. Diplomat. Beziehungen Frankreich-Rotchina. Sturz Chruschtschows, Nachf. Breschnew/Kossygin. Johnson US-Präsident. Erste chines. Atombombe.	Sartre lehnt Literatur-Nobelpreis ab. Kipphardt: Oppenheimer. Frisch: Gantenbein. Film: Alexis Sorbas. Nachrichten-Satelliten. Mond- und Planetensonden.	1964
Diplomat. Beziehungen BRD-Israel. † Churchill, brit. Politiker. Blutige Kommunisten-Verfolgung in Indonesien. US-Luftangriffe auf Nordvietnam.	† Schweitzer, dt. Philantrop. Weiss: Die Ermittlung. Henze: Der junge Lord. »Ring«-Inszenierung W. Wagners. Film: Katelbach. 1. Weltraumspaziergang.	1965
Rücktritt von Bundeskanzler Erhard. Große Koalition CDU/CSU–SPD unter Kanzler Kiesinger. Wahlerfolge der NPD. »Kulturrevolution« in der VR China.	Böll: Ende einer Dienstfahrt. Walser: Einhorn. Penderecki: Lukas-Passion. Film: Abschied von gestern. Weiche Mondlandungen. Dt. Mannschaft 2. bei Fußball-WM.	1966
† Adenauer, 1. Bundeskanzler. Unruhen bei Schah-Besuch in Berlin: Tod eines Studenten. Israels Sieg im 6-Tage-Krieg. Militärputsch in Griechenland.	Chemie-Nobelpreis an Eigen. Film: Zur Sache Schätzchen, Rosemaries Baby. 1. Herztransplantation. ZdF und ARD starten Farbfernsehen. Raumfahrtunfälle.	1967
Notstandsgesetze in der BRD. Attentat auf Studentenführer Dutschke. Mai-Unruhen in Paris. Sowjet. Einmarsch in ČSSR beendet »Prager Frühling«.	Papst gegen künstl. Geburtenkontrolle. † Barth, schweiz. Theologe. Lenz: Deutschstunde. Solschenizyn: Krebsstation. Apollo 8 mit 3 Astronauten in Mondumlaufbahn.	1968

	Schlagzeilen	Kultur
1969	Heinemann Bundespräsident. Brandt Kanzler einer SPD/FDP-Koalition. Rücktritt des frz. Präsidenten de Gaulle. Grenzkonflikt UdSSR–China am Ussuri.	Grass: Örtlich betäubt. Britten: Kinderkreuzzug (Musikal. Ballade). US-Astronaut Armstrong erster Mensch auf dem Mond. Stiftung des Wirtschafts-Nobelpreises.
1970	Treffen Brandt-Stoph in Erfurt. Gewaltverzichtsvertrag UdSSR-BRD. † de Gaulle, frz. Politiker. Kapitulation Biafras: Ende des nigerian. Bürgerkriegs.	Arno Schmidt: Zettels Traum. † Russell, brit. Gelehrter. Abbruch der Mondmission Apollo 13. Ende des Contergan-Prozesses. Deutschland 3. bei Fußball-WM in Mexiko.
1971	Anschläge der Baader-Meinhof-Terroristen. Viermächte-Abkommen über Berlin. Rücktritt von SED-Chef Ulbricht. Prozeß wegen der Morde von US-Soldaten in My Lai.	Friedens-Nobelpreis für Brandt. Bachmann: Malina. † Strawinsky, russ. Komponist. Film: Uhrwerk Orange; Tod in Venedig. Bundesliga-Skandal um Bestechungen.
1972	Extremistenbeschluß. Verhaftung der Baader-Meinhof-Terroristen. Ostverträge ratifiziert. Erfolgloses Mißtrauensvotum gegen Kanzler Brandt. SPD-Wahlsieg.	Club of Rome: Grenzen des Wachstums. Literatur-Nobelpreis an Böll. Film: Cabaret. Arab. Überfall auf israel. Mannschaft bei Olympischen Spielen in München.
1973	DDR und BRD UN-Mitglieder. † Ulbricht, DDR-Politiker. Yom-Kippur-Krieg: Ölkrise. US-Rückzug aus Vietnam. Chilen. Präsident Allende bei Putsch ermordet.	Fest: Hitler. † Picasso, span. Maler. Film: Das große Fressen. Sonntagsfahrverbote wegen Ölkrise. BRD-Gebietsreform. »Floating« statt fester Wechselkurse.
1974	Scheel Bundespräsident. Rücktritt Kanzler Brandts, Nachf. Schmidt. Austausch ständiger Vertr. DDR/BRD. Sturz v. US-Präsident Nixon. Ende der griech. Militärjunta.	Dessau: Einstein (Oper). Filme: Szenen einer Ehe; Chinatown. Volljährigkeit auf 18 Jahre gesenkt. VW beendet Käfer-Produktion. Deutschland Fußballweltmeister.
1975	Entführung des CDU-Politikers Lorenz. Terroranschlag auf dt. Botschaft in Stockholm. † Franco, span. Diktator. † Kaiser Haile Selassie, Äthiopien Republik.	Bernhard: Der Präsident. Weiß: Der Prozeß. Kagel: Mare nostrum. Film: Katharina Blum. Demonstrationen gegen Kernkraftwerke. Märkisches Viertel in Berlin fertig.
1976	Krise zwischen CDU und CSU. Schmidt erneut Bundeskanzler. Israel. Kommandounternehmen in Entebbe gegen Geiselnehmer. † Mao, chines. Politiker.	† Heidegger, dt. Philosoph. DDR bürgert Liedermacher Biermann aus. Film: Einer flog übers Kuckucksnest. Letzte Dampfloks der Bundesbahn. Neues dt. Eherecht.
1977	Arbeitgeberpräs. Schleyer entführt. Erstürmung von gekaperter Lufthansa-Maschine. Selbstmord inhaftierter dt. Terroristen. Ägypt. Präsident Sadat in Israel.	† Bloch, dt. Philosoph. Grass: Der Butt. Letztes Treffen der Gruppe 47. Centre Pompidou in Paris. † Presley, US-Rockstar. † Herberger, dt. Fußballtrainer.
1978	Frieden Israel–Ägypten. Ital. Politiker Moro entführt und ermordet. Krieg Vietnam-Kambodscha. Massenselbstmord der Volkstempelsekte in Guyana.	Poln. Kardinal Woytila neuer Papst Johannes Paul II. Penderecki: Paradise lost (Oper). Film: Deutschland im Herbst. Jähn (DDR) erster Deutscher im Weltraum.
1979	Carstens Bundespräsident. 1. Direktwahl zum Europa-Parlament. Schiitenführer Khomeini stürzt Schah. UdSSR-Invasion in Afghanistan. Krieg China–Vietnam.	US-Fernsehserie Holocaust in der BRD. Moore-Plastiken für Kanzleramt. Film: Maria Braun. Reaktorunfall in Harrisburg (USA). Aufhebung der Mordverjährung.
1980	Verluste der CDU mit Kanzlerkandidat Strauß. Erfolge des »Grünen«. Bildung d. poln. Gewerkschaft Solidarität. Krieg Irak–Iran. † Tito, jugoslaw. Politiker.	Papst-Besuch in Deutschland. † Sartre, frz. Philosoph. Ermordung Lennons, brit. Musiker. Fernsehserie: Berlin Alexanderplatz. Boykott der Olympischen Spiele in Moskau.

1798–1840 Karl Blechen »Schlucht bei Amalfi«

1883–1945 Benito Mussolini,
der »Duce«, nimmt eine Parade seiner Truppen ab

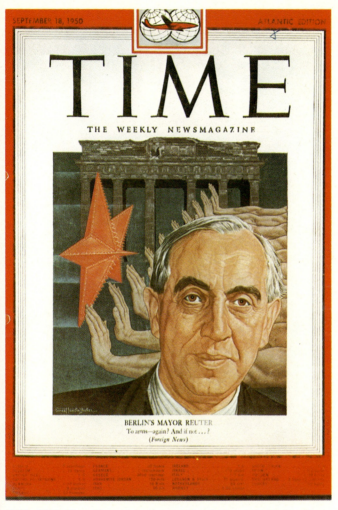

1889–1953 Ernst Reuter war der amerikanischen Zeitschrift »Time« ein Titelblatt wert

1830 kam es in Paris zu einem blutigen Aufstand

gegen die Willkürherrschaft König Karls X.

1981 Die Hochzeit des Jahres: Lady Diana Spencer

und Prinz Charles von England

1580–1654 Francesco Mochi »Verkündigung«

Unterhaltsames zum 29. Juli

Simon Dach (1605)

Bedeutung der Farben

Weiß – ist ganze keusche Reinigkeit,
Leibfarbe – Weh und Schmerzen leiden,
Meergrüne – von einander scheiden,
Schwarz – ist Betrübnis, Angst und Leid.

Rot – innigliche Liebesbrunst,
Und Himmelblau – sehr hohe Sinnen,
Bleich Leibfarb – argen Wahn gewinnen,
Gelb – End und Ausgang aller Gunst,
Haarfarbe – deutet auf Geduld.

Bleich Aschenfarben – heimlich Huld,
Braun – aller Liebe ganz vergessen,
Grün – Hoffnung; und weil jetzund ich
Gebrauche *dieser* Farbe mich,
Ist wohl mein Zustand zu ermessen.

Carl Blechen (1798)
Bericht über eine Italienische Reise

Des Morgens fuhren wir ab über Rongiglione nach Rom, wo wir abends ankamen, stiegen da in einem Gasthause ab und gingen des Morgens nach dem Café Greco, wo alle deutschen Künstler hingehen, um Kaffee zu trinken. Dort traf ich mehrere Bekannte aus Berlin, wo denn einer mir den Vorschlag machte, in einem Hause in der Via Felice ein Chambre garni zu beziehen... Wir wohnten da recht gut, und es traf sich so, daß in demselben Hause noch zwei alte deutsche Maler wohnten, Koch und Reinhart. Des Morgens früh gingen wir nach dem Café Greco und tranken unsere Tasse Kaffee mit einer Paniotte; um 12 Uhr gingen wir zu Mittag, aßen in dem Speisehaus, genannt zum Lepre, von da wurde wieder nach dem Café Greco gegangen und Kaffee getrunken, dann zuhause gegangen und abends wieder nach dem Speisehaus. Dann besahen wir uns die Peterskirche, die Engelsburg und besahen uns die Stadt. Den dritten Tag machten wir unsere Ausflüge, oder wenigstens ich bloß, aus der Stadt, und zeichnete. Wir besahen uns auch die Bildergalerie des Kardinals Fesch, der sehr schöne Vasen hat, auch mehrere andere Bildergalerien von reichen Leuten... Unter den Bildhauern besuchte ich Thorvaldsen, Wolff, Wredow, der in demselben Atelier des Herrn Wolff arbeitete... Dann machte ich wieder einige Touren nach der Villa Borghese, wo ich einige Sachen zeichnete und Farbenskizzen machte. Es gab in den ersten Wochen natürlich viel zu sehen. Nachdem ich mehreres in der Umgebung von Rom gezeichnet habe, machten wir mit einem

Führer den Weg nach dem Kloster St. Scolastica, wo die Mönche recht freundlich waren. Wir nahmen einige Interieurs auf und auch einige Sachen außerhalb des Klosters. Des Mittags brachte uns unser Führer das Essen immer herauf, wir mußten aber im Freien essen, indem das Kloster in der Mittagsstunde verschlossen ist. Gegen Abend gingen wir wieder herunter, aßen wieder etwas, rauchten ein bißchen, gingen noch etwas in den Straßen umher und gingen dann zu Bette. ... Daraufhin machten wir eine Reise zu Fuß nach Albano, besahen uns die Umgegend und übernachteten die Nacht. Am andern Morgen nahmen wir uns Esel und ritten nach Rocca di Papa, Frascati, Velletri, Grenzano und zurück nach Albano. Ich zeichnete in diesen Gegenden auch manche Gegen-

Carl Blechen, Selbstbildnis

stände, und dann begannen wir wieder die Reise zurück nach Rom... Dann machten wir wieder eine Fußreise über Ostia nach Fiumicino, wo der Tiber ans Meer geht. Es war ein hübscher Anblick, die Büffel ins Meer schwimmen zu sehen. Des Abends war ein wunderschöner Anblick aufs Meer; die Sonne war untergegangen, aber noch heller Abend, das Meer ging sehr hoch, das Gebrause des Wassers und die Farbe machten eine wundersame Wirkung. Wir blieben die Nacht da, und am andern Morgen reisten wir nach Rom zurück. Nachdem wir nun mehreres gezeichnet hatten, brachten wir dann öfter unsere Zeit zu Hause zu und zeichneten die Zeichnungen etwas aus. Rom ist eine sehr interessante große Stadt, wo man sehr viel Schönes, sowohl in Gebieten der Kunst als auch in Hinsicht des Volkes viel zu erkennen hat. Wir hielten uns in Rom sechs Monate auf.

Georg Kerschensteiner (1854)
Das Kind und der Knabe

Bis diese Zeilen ihre ersten Leser finden, werden sechzig Jahre vergangen sein, seit ich als Knabe, der just das elfte Lebensjahr vollendet hatte, in die neu geschaffene Präparandenschule zu Freising eintrat, um mich auf den Beruf des Volksschullehrers vorzubereiten. Man wird nicht erwarten, daß dieses Kind irgendeine Neigung oder ein Interesse am pädagogischen Beruf dazu bestimmt hatte. Die Veranlassung war die wirtschaftliche Not meiner Eltern. Sie hausten in einer Wohnküche, deren zwei Fenster auf einen dunklen Hof hinausgingen, und einer düstern Kammer, in der mein jüngerer Bruder und ich schliefen... Schon vor meiner Geburt zu München im Juli 1854 hatte mein Vater, der früher mitten im Herzen der Stadt, in der Nähe des Isartors, ein Haus und ein Priechlergeschäft besessen hatte, alles verloren, was er sich in einem langen Leben hatte erarbeiten können. Die gleichwohl nie verzagte, ewig heitere, rührige, unendlich sorgsame Mutter war zur Ernährerin der Familie geworden... Ihr war keine Arbeit zu niedrig, kein Weg zu weit, keine Last zu mühsam, um Brot zu schaffen für den ihr anvertrauten Familienkreis, ja selbst noch für andere, die da mühselig und beladen zu ihr kamen...

Besondere Interessen und Neigungen für irgendeinen bestimmten Beruf hatte ich überhaupt nicht um die Zeit der Entscheidung für das Leben. Ich liebte das freie Herumstreifen vor den Toren der Stadt, die sich unweit des Wohnhauses öffneten, die Briefmarken, das Marionettentheater und das Lesen aller bedruckten Papiere, die in meine Hände kamen. Hatte ich ein recht fesselndes Buch erwischt, dann hing ich mir den alten Bügelteppich um die Schultern und spazierte laut lesend wie ein Prediger auf drei Kommoden auf und ab... Mit den Schulaufgaben war ich immer sehr schnell fertig, viel schneller als es die Sache erlaubte. Gegen diese Form der Erledigung hatte aber mein Vater einen nicht zu beschwichtigenden Widerwillen... Ebenso hielt er auf Ordnung, Pünktlichkeit und Gehorsam, was mir oft genug eine sehr intime Bekanntschaft mit dem spanischen Rohr eintrug...

Das war der Erziehungsboden, auf dem ich heranwuchs. Geistige Anregungen außer meiner weit ausgedehnten Lektüre aller möglichen Dinge gab es nicht in diesem Kreise. Der Vater war still, die Mutter den ganzen Tag in irgendeiner Arbeit oder auf Märkten, wo sie an fliegenden Ständen verkaufte. Die freien Stunden an den Abenden und Ferientagen wurden vor den Toren der Stadt, am liebsten an der rauschenden Isar und auf ihren endlosen Reihen von Flößen, zugebracht... An Regentagen fesselte mich die Beschäftigung mit meinem geliebten Puppentheater, das wir zwei Brüder selbst in allen seinen Teilen herstellten, wozu uns die Münchener Bilderbogen Figuren und Kulissen lieferten...

Als nun der Tag gekommen war, der auch die Volksschulpflicht beendete, standen meine Eltern vor der schweren Frage, was sie mit mir anfangen sollten. In dieser Sorge wandten sie sich an einen alten freundschaftlichen Berater der Familie, den damaligen Domkapitular Dr. Rampf, späteren Bischof von Passau. Dieser gab mir zunächst Jugendschriften zu lesen, die ich im Vergleich mit den Indianer-, Trapper- und Giftmischererzählungen der Leipziger Illustrierten Zeitung und mit Robinson und Coopers Erzählungen sehr langweilig fand... Es war ein Glück für mich, daß ich sie gelesen hatte, denn kaum hatte Dr. Rampf die Bücher wieder in der Hand, so gab er mir den Auftrag, die eine oder andere der gelesenen Geschichten wieder niederzuschreiben... Meine Arbeiten müssen ihn befriedigt haben. Er machte meinen Eltern den Vorschlag, mich in das Knabenseminar des Klosters Metten an der Donau zu bringen, um mich dort zum katholischen Geistlichen auszubilden... Ich aber lehnte ab, nicht etwa dieses Berufes halber, der mir sehr ehrwürdig erschien... Meine Ablehnung war vielmehr dadurch begründet, daß ich auf die Frage, wie lange ich denn studieren müßte, die Antwort erhielt: »Zwölf Jahre.« Aber zwölf Jahre auf den Schulbänken zu sitzen, erschien mir unerträglich... So zog ich die nur fünfjährige Vorbereitungsschule für den Lehrerberuf bei weitem vor. Ich hätte mich mit einer noch viel geringeren Zeit begnügt.

Die fünf Jahre gingen vorüber, ohne daß irgendwelche pädagogischen Interessen theoretischer oder praktischer Art in mir geweckt worden wären. Ich behielt den Inhalt meiner trostlosen Leitfäden sehr leicht im Gedächtnis, konnte mich im Unterricht jeden Augenblick konzentrieren, spielte leidenschaftlich Klavier und erbärmlich Violine, nahm auch die roheste Behandlung des jähzornigen Hauptlehrers der Präparandenschule dauernd nicht übel, ließ die ersten drei Jahre im Domchor zu Freising meine gut entwickelte Knabensopranstimme erschallen, sammelte Schmetterlinge und Briefmarken und verkaufte sie wieder... Die Lehrer interessierten mich nicht und langweilten mich nicht. Ich hatte viel zu viel mit mir selbst zu tun. Nur einem habe ich ein unauslöschliches Andenken durch alle Zeiten bewahrt, dem damaligen Präfekten und späteren Seminardirektor Dresely. Durch mein ganzes praktisches Leben hindurch stand er mir als das Beispiel eines Pädagogen vor Augen. Ich kann nicht sagen, daß es gerade sein Unterricht war, der mich besonders beschäftigte. Was verstand auch der fünfzehn- und sechzehnjährige Knabe von den Leitfäden der Pädagogik oder gar der Psychologie! Wohl aber war es sein pädagogisches Tun, das mich fesselte...

Im übrigen interessierten mich weder die Lehrer noch ihr Unterricht. Wir lernten Physik, ohne auch nur einen Apparat, geschweige denn ein Experiment gesehen zu haben, wir zeichneten langweilige Vorlagen mit sklavischer Genauigkeit ab, wir lernten die Geschichtsleitfäden auswendig und sagten sie her, ohne irgendwelche lebendige Darstellungen durch einen geschichtskundigen Mann erlebt zu haben... Die einzigen Arbeiten, die mich fesselten, bot mir der deutsche Aufsatz. Hier konnte ich meine Phantasie spazierengehen lassen in einer leidlich gewandten Sprache, zu der mir meine unermüdliche, vom siebenten Lebensjahr an gepflogene Lektüre die Mittel gab. Hier allein konnte ich produktiv sein... Wenn ich sie heute wieder lese und sie mit manchen Arbeiten vergleiche, die ich später als Lehrer des Gymnasiums bei andern Knaben gleichen Alters kennenlernte, so muß ich sagen, daß es recht kindliche Sachen waren.

So verließ ich denn das Schullehrerseminar mit eben vollendetem sechzehnten Lebensjahr. Vier Wochen später hatte ich meinen ersten Schulgehilfendienst im Dorfe Forstinning anzutreten. Als ich an einem sonnigen Septembertag von der Eisenbahnstation Schwaben gegen den Bestimmungsort wanderte, begegnete mir auf dem Fußpfad über das Moor ein großer, breitschulteriger, bartloser Herr. Ich fragte ihn, ob das der rechte Weg nach Forstinning sei. »Ja, Kleiner«, sagte er, »was willst du denn dort?« Obwohl etwas gekränkt über die herablassende Ansprache, erwiderte ich schüchtern, daß ich der neue Schulgehilfe sei. »O verflucht«, brach er aus, »jetzt schickt mir die Regierung gar ein kleines Kind zum Schulehalten.« Sein Hauptschmerz war, daß er dem Kinde nicht die Feiertagsschule für Knaben übertragen konnte, die von dreizehn- bis sechzehnjährigen strammen oberbayerischen Bauernbuben besucht war. Der schwarzlokkige Junge, der ich war, erhielt dafür die Feiertagsschule für Mädchen, deren letzter Jahrgang im gleichen Alter wie ich selbst stand. Welchen unterrichtlichen Erfolg ich in der Feiertagsschule hatte, dessen kann ich mich nicht mehr erinnern; aber das eine erfuhr ich später, daß ich mir wenigstens die brennende Liebe zweier wackerer Bauerstöchter zugezogen habe, von der ich während meiner Amtstätigkeit nichts gemerkt hatte.

Aus »Die Pädagogik der Gegenwart in Selbstdarstellungen«,
mit freundlicher Genehmigung des Felix Meiner Verlages, Hamburg

Eyvind Johnson (1900)

Jugendfreundschaft

Nein, er fragte sie nicht, und auch sie fragte ihn nicht; nie mehr konnte er sich, wenn er später daran dachte, darauf besinnen, *wer* von ihnen zuerst dem anderen die Hand gereicht hatte. Sie waren fünfzehn Jahre alt, Kinder noch, und die Stadt war sehr klein. Zusammen die Hauptstraße entlangzugehen war eine nahezu übermenschliche Tat. Keine Heldentat, eher etwas, dessen sie sich schämen zu müssen meinten. Es war eine außergewöhnliche Handlung, sie hatten kein Recht darauf, man konnte es ganz einfach nicht tun. Sie taten es. Hand in Hand gingen sie durch die Stadt. Doch ließen sie sich kaum anmerken, daß sie da gingen. Sie sahen sich nicht an, sie blickten zur Seite oder geradeaus. Ihre Hände lösen, das konnten sie nicht – es hätte bedeutet, sich selbst aufzugeben. Sie sprachen nicht. Sie gingen durch die Stadt, und es war Sonntag. Alle Leute waren auf den Beinen; und alle sahen sie. Die Älteren hielten sie für zwei Kinder, sie schenkten ihnen keine Beachtung, sie erkannten diese Kinder wieder. Die Gleichaltrigen hingegen drehten sich um und sahen ihnen nach. Und sie lächelten, lachten vielleicht laut auf, oder aber sie starrten sie und ihre schwindelerregende Kühnheit auch scheu, mißgünstig oder erschrocken an. Da reckte sich Olle ein wenig und dachte: Man ist kein Kind mehr! Und das Mädchen warf ihm verstohlen einen Blick zu. Doch wer von ihnen gefragt hatte, ob der andere mit zur Badeanstalt kommen und zum Holm schwimmen wolle, das wußten sie nicht. Sie wollten fort von der Stadt – obwohl keiner dem anderen gestand, daß sie fort wollten von dieser Stadt. Sie waren – zumindest empfanden sie es so – keine Kinder mehr, obwohl auch nicht erwachsen. Wollten sie erwachsen erscheinen, mußten sie ein wenig markieren, die Erwachsenen spielen. Arm in Arm wagten sie nicht zu gehen, aber einander an der Hand zu halten, bedeutete doch mehr, als nur Seite an Seite zu gehen – das können schließlich alle, selbst kleine Kinder.

Und Olle sagt zu Elisabeth, es sei recht warm heute, man möchte meinen, wärmer als gestern, dabei seien es doch nur ein paar Grad mehr, er habe nachgesehen. Elisabeth blickt zu Boden und antwortet, ja, sicher. Sie kichert sogar ein bißchen, kichert wie eine Siebzehnjährige, aber es fällt ihr nicht so leicht, die Siebzehnjährige zu spielen. Sie wiegt sich wie eine Fünfzehnjährige, und der zu Boden gesenkte Blick verrät wahrhaftig nicht mehr als eine Dreizehnjährige. Das fühlt sie selbst, und sie errötet, reckt sich und hebt trotzig den Kopf. Ebenso Olle. Wir, Elisabeth und ich, ich und Elisabeth, denkt er beharrlich. Viel weiter denkt er nicht, er denkt nur dies eine: Sie und ich. Und er ist auf einmal froh darüber und drückt ihre Hand fester.

Er schielt nach andern Jungen, die ihnen begegnen. Schielt, um zu sehen, ob sie nach ihr schielen. Und ob sie zurückschielt. Und einmal tut sie das – da will er ihre Hand loslassen, nicht ganz, nur den Griff ein wenig lockern, doch nun ist sie es, die seine Hand fester umschließt. Und sie schielt beiseite – falls er nach einem der andern Mädchen schielen sollte. Ja, das tut er, scheu, verschämt – und manchmal mit einem winzig, winzig kleinen Triumph im Blick. Einmal nickt er einem Mädchen zu. Und da möchte sie am liebsten davonlaufen, dann kann er ihretwegen nicken, das macht ihr gar nichts aus, wenn er plinkern und nicken will, bitte sehr, sie will sich nicht aufdrängen, bewahre, sie ist kein Kind und auch keine dumme Göre! Doch noch ehe sie den Mund aufbekommt, hat er es selbst schon gesagt: das Mädchen wohne im Nachbarhaus, heiße Agnes und sei ein richtiges Klatschmaul, jetzt...

»Was jetzt?«

»Ja«, meint er, »soll sie meinetwegen klatschen, mich kann das nicht rühren.« Und da die Straße über eine weite Strecke menschenleer ist, reckt er sich abermals und hält Umschau. Ja, er geht so weit, ihr *fast* in die Augen zu schauen. Für ein paar Minuten zumindest sind sie erwachsen und frei.

Bis ein großer Bursche – er mag achtzehn Jahre alt sein, jedenfalls sieht er so aus –, wie vom Himmel geschneit, die Straße längskommt. Es ist ihnen, als rolle eine Dampfwalze auf sie zu, und sie können ihr nicht entkommen. Es ist unmöglich, sich hinter den schlanken Birken zu verstecken, da ist keine Tür, in die man sich flüchten könnte, sie sind wehrlos. Lundströms Kalle kommt auf sie zu, und er wohnt im selben Haus wie Elisabeth. – »Ach nee, guck einer an, die Lisa«, er grinst, »mit Bräutigam!«

Sie haben ihre Hände schon gelöst. Und Olle spürt, wie der Mut ihm schwillt, es ist wie ein Taumel, es schleudert ihn hoch in den Himmel, es schwindelt ihm, und dennoch fliegt er: wächst, steht vor der Dampfwalze mitten auf der Straße.

»Ja, genau!« sagt er.

Kalle ist völlig verdattert über diese Frechheit, doch böse wird er nicht. Für einen Moment schwankt er freilich zwischen Zorn und Spott, dann aber geht das alles vorüber, er lächelt.

»Bravo!« sagt er. »Hej, hej!« Und geht seiner Wege.

Sie wagen ihm nicht nachzuschauen, er könnte sich ja umdrehen, ihren Blicken begegnen, sich daran festhaken, stehenbleiben, zurückkommen. Sie gehen rascher. Doch nun vereint sie die – noch immer nicht gänzlich überstandene – Gefahr inniger als zuvor, und wieder halten sie sich an der Hand fest. Und als sie meint, nun könne sie mit fester Stimme sprechen, sagt sie: »Du, Olle, wie kommt er eigentlich dazu, mich Lisa zu nennen? Ich heiße doch Elisabeth, nur manchmal nennt man mich zu Hause Lisa. Mama sagt immer Elisabeth, und Papa auch. Nur meine kleinen Geschwister nennen mich Lisa. Aber darum braucht er ja wohl noch lange nicht...«

Nun klingt ihre Stimme nicht mehr so ruhig, und sie wagt nicht fortzufahren.

»Dumm ist das«, meint er mannhaft. »Dumm, Elisabeth. Aber –« Und eine Drohung schwingt in seiner Stimme. Und plötzlich sagt er so laut, daß beide zusammenfahren: »Auf jeden Fall bin ich dein Bräutigam. Aber darum braucht er ja wohl nicht... Na ja. Aber...« Und darauf: »Ich hab ja herzlich wenig mit der Stadt da zu schaffen. Wenn man hier geboren ist, braucht man noch lange nicht mit jedem bekannt zu sein. Man war ja auch woanders, und dort wurde man auf ganz andere Weise behandelt...«

Doch da stockt er. Er kann ihr ja nicht sagen, *wie* er behandelt wurde – daß er wie ein Hund schuften mußte. Trotzdem hat er noch etwas Großartiges in petto. »Ich meine, es wird wahrhaftig Zeit, daß Lundströms Kalle langsam selbst für sich sorgt.«

Und wieder Schweigen.

»Ich für mein Teil hab ja das eine und andre getan. Hab mich nicht hier in der Stadt rumgetrieben und an Mamas Röcken gehangen. Hab mich selbst durchgeschlagen.« – Da hat er ein großes Wort gesprochen. »Ja, das hast du.« Sie nickt. Und nun schaut sie sich um, wieder ist die Straße über eine weite Strecke leer, und sie rückt ein wenig näher, ihre Ellbogen streifen einander fast.

»Ich finde, du bist so tüchtig«, flüstert sie.

Er errötet, wagt ihr nicht ins Gesicht zu sehn. Errötet und schluckt. Eigentlich hätte man Lundströms Kalle verwalken sollen, denkt er. Und er sagt es.

»Uhu!« meint sie. »Hu! Er ist ja viel größer...« Doch gleich besinnt sie sich anders. »Ich meine, eine Schlägerei ist ja so garstig. Und vielleicht zieht er das Messer. Uhu!«

Er kann ihre Worte nur schwer verwinden. Möchte sie

von sich stoßen, vermag aber auch das nicht. Und sagt: »Es hängt auch davon ab, wie flink und wendig man ist.«

»Jaja«, sie nickt voll Eifer, »gewiß, alles hängt davon ab, wie –«

»Und«, unterbricht er sie, »wenn er das Messer nun nicht gezogen hätte, dann...«

Da aber wird ihnen das Gespräch genierlich. Und er sucht dem Gerede von Schlägerei zum Schluß eine Pointe aufzusetzen.

»Es ist ja kindisch, sich zu schlagen! Wegen solcher Kleinigkeiten!«

Es klingt, als schlüge er sich nur, wenn höhere Werte auf dem Spiel stünden. Als wollte er seine Behendigkeit, Flinkheit und Wendigkeit nicht vergeuden.

Und sie sagt das gute, warme Wort: »Wenn's so ist, dann bist du...«

Weiter wagt sie sich nicht, er aber neigt sich näher zu ihr und fragt: »Elisabeth? Du? Sag mir's...!«

Sie dreht den Kopf zur Seite und flüstert einer Birke zu, an der sie vorüberwandern: »Mein Bräutigam.«

Da erröten beide wieder. Und schauen sich verstohlen an. Doch als sich die leere Straße aufs neue belebt, starren sie steif geradeaus. Und Olle hebt den Kopf und sieht die Sommerwolken ziehen, über die Stadt hinziehen und entschwinden. Man sollte im offnen Wagen fahren, auf und ab, auf und ab, denkt er. Das sollte man, wenn man erwachsen wäre. So tun, als sähe man keine Menschen, und nichts als auf und ab fahren, mit Elisabeth. Wenn wir groß sind –

Aus »Erzählungen«, übersetzt von Margot Tag,
mit freundlicher Genehmigung des Claassen Verlages, Düsseldorf

Jo Hanns Rösler

Der Einsame

Voriges Jahr ging ich erst im Herbst in Urlaub. Ich hatte eines Tages ein Inserat in der Zeitung gelesen: »Waldaufenthalt mit Jagdgelegenheit bietet zahlenden Gästen das Jagdschloß Stein am Bach, Steiermark. Zivile Preise.«

Dieses Inserat ließ mich nicht los. Ich hatte immer gern Jagdgeschichten gelesen, die Bücher Ganghofers, Löns' und des Franzosen Fleuron nahmen einen breiten Platz in meiner Bibliothek ein. Schon als Junge träumte ich vom edlen Weidwerk, von Horrido und Halali, ein Hirsch erschien mir tatsächlich als König der Wälder, schon ein Reh am Waldrand läßt mich heute noch den Wagen anhalten, ein Hase, der über den Acker hoppelt, oder ein Fuchs, der über den Weg streicht, sind für mich aufregend genug, ihnen nachzuschauen. Ich stellte es mir als aufregendes, nicht mit Gold zu bezahlendes Erlebnis vor, einen jagdbaren Bock zu schießen, ihm einen grünen Bruch in den Äser und mir an den Hut zu stecken, wie oft hatte ich es mir ausgemalt! »Später«, sagte ich zu mir, »später, wenn du mehr Zeit hast, später, wenn du genügend Geld hast, dann pachtest du dir eine Jagd.« Ich fand nie die Zeit, ich hatte nie das Geld, ich wurde inzwischen fünfzig Jahre alt. Als ich jetzt dieses Inserat las, das mir zu zivilen Preisen eine Jagdgelegenheit verhieß, schrieb ich sofort hin und meldete mich für den Herbst an.

»Wenn es Ihnen Freude macht, können Sie bei mir einen guten Sechserbock schießen«, sagte mein Gastgeber, bei dem ich Pension Quartier genommen hatte, zu mir. »Waren Sie schon einmal auf der Jagd?«

»Nein«, gestand ich, »ich habe bisher immer nur davon geträumt. Aber ich habe mir eine Jagdkarte besorgt, Sie brauchen keine Bedenken zu haben.«

»Ich werde Sie morgen von meinem Förster durch das Revier führen lassen«, sagte er. »Gehen Sie erst ein paar Tage ohne Büchse durch den Wald. Sie können sich auch am Abend und Morgen ansetzen und das Wild beobachten. Aber lassen Sie vorläufig Ihre Büchse zu Hause. Machen Sie sich einen guten Bock aus, erkunden Sie seinen Wechsel – ich gebe Ihnen einen Bock frei, mehr nicht. Bei mir gibt es keine Abschußgebühren und ähnliche Dinge, womit manche Jagdherren ihr Budget lukrativ gestalten, auf der Jagd sind Sie mein Gast – aber, wie gesagt: Nur einen Bock! Suchen Sie sich den schönsten aus!«

Zwölf Tage ging ich jeden Morgen vor Sonnenaufgang auf den Ansitz, jeden Abend pirschte ich bis nach dem Dunkelwerden durch den Wald. Es war ein herrliches Revier, geschont und gepflegt, ich bekam manchen guten Bock zu Gesicht, und nicht nur einmal, denn sie pflegen meist an derselben Stelle zu wechseln, erst die Ricke mit dem Kitz und viel später erst der Bock, der sich zu ihnen gesellte. In meinen Gedanken gab ich jeder Rehfamilie einen Namen, meist nach dem Ort, wo ich sie sah: der Himbeerbock, der Forellenteichbock, der Genossenschaftsbock, jener nämlich, der auf die große, vom Wald umschlossene Wiese austrat, die einer landwirtschaftlichen Genossenschaft gehörte. Der prächtigste von allen aber, mit stark geperltem Gehörn, schon ein wenig zurückgesetzt, aber von unvergleichlicher Schönheit, war jener Bock, den ich den Einsamen nannte. Die letzten

Tage ging ich nur noch zu ihm, jeden Morgen und jeden Abend, er war der Bock, den ich schießen wollte, er allein. Ich hatte an einem Waldschlag einen alten Hochsitz mit einer brüchigen Leiter entdeckt, von dem ich auf die von Blaubeeren und Farnkräutern bestandene Blöße hinuntersah. Es war kein sehr bequemer Sitz, ich hatte mir erst das Tannengrün ein wenig zurechtschneiden müssen, um einen freien Blick zu bekommen, aber der Einsame und ich, wir gehörten schon zusammen, er wußte es nur noch nicht. Er war ein etwas rauher Geselle, ein Einzelgänger, mir nicht unähnlich, auch von einem Hochmut, den man oft bei starken gesunden Tieren antrifft, die vor keinem Feind mehr Angst zu haben brauchen. Sicher hatte er in seiner Jugend viele Liebesabenteuer bestanden, manchen Rivalen abgeschlagen, er sah auch heute noch nicht so aus, als ob eine Schmalgeiß nicht Gefallen an ihm finden würde, wenn sie ihn bei guter Laune träfe – ich sagte schon, ich fand ihn in Gebaren und Aussehen mir sehr ähnlich. Ich hätte den Einsamen keinem anderen Jäger gegönnt, er war für meine Kugel bestimmt, ich wachte eifersüchtig über ihn, fast mit einer Leidenschaft, die ich längst aus meinem Blut weggespült glaubte, ich verschwieg jedermann den Wechsel des Einsamen, und als mich mein Gastgeber fragte, ob ich mir schon einen Bock ausgemacht hätte, ging ich mit ein paar nichtssagenden Worten darüber hinweg.

»Ja«, sagte ich, »es sind ein paar prächtige Burschen darunter, da fällt einem die Wahl schwer.«

»Ab heute gebe ich Ihnen den Schuß frei«, sagte er, »Sie können auch hinterher bei mir noch ein paar Fasanen und Hasen schießen, wenn es Ihnen Freude macht.«

An diesem Abend ging ich zum ersten Mal mit der Büchse in den Wald. Ich gestehe, daß ich sehr aufgeregt war. Aber von einem war ich überzeugt, daß ich heute mit dem Bruch am Hut zurückkehren würde, mit dem Tannenzweig, in das Herzblut des Einsamen getaucht. Meine Ferientage waren bald zu Ende. In zwei Tagen würde ich in die Stadt zurückfahren, die Trophäe, das geperlte Gehörn des Einsamen im Rucksack. Es würde bei mir über dem Schreibtisch hängen, zum Zwiegespräch, wenn mir danach zumute war und ich Sehnsucht nach diesem Waldsommer hatte, wo wir uns das erste Mal begegnet waren.

Ich pirschte mich leise, jedem trockenen Ast ausweichend, zu meinem Hochsitz. Der Wind stand günstig, er kam von dem blaubeerbestandenen Schlag zu mir herüber, mir klopfte das Herz vor Jagdfieber, den Einsamen als stolze Beute heimzutragen, so einen Bock schießt man nur einmal im Leben. Ich war heute eine halbe Stunde früher dran als sonst, ich hatte Zeit, mich oben gemütlich einzurichten, aber als ich meinen Fuß auf die unterste Sprosse der Leiter setzte, vorsichtig, auswiegend, um jedes Ächzen des verwitterten Holzes zu vermeiden, erblickte ich ihn plötzlich, den Einsamen. Er stand keine dreißig Schritt von mir entfernt und knabberte friedlich vom für ihn gedeckten Tisch des Waldes die jungen Zweige eines Ahornsprößlings, der aus der Wurzel des gefällten Baumes als sein Nachkomme ausgewachsen war. Der Einsame hatte mich nicht bemerkt, warf nicht einmal auf, sondern gab sich völlig dem Frieden des sonnigen Herbstabends hin. Er stand schußgerecht, das Blatt mir zugekehrt, der große Augenblick war für mich gekommen, die Minute des so oft vorgeträumten Schusses. Ich dachte noch daran, wie schön es war, daß er in dem letzten Sonnenstrahl auf seinem roten Rock stand, nie würde ich das Bild vergessen, dieses Waldstück in der Abendsonne, die weißen Spitzen des Gehörns, der rote Bock im grünen Feld, immer würde mich daheim das Gehörn des Einsamen an diesen Augenblick erinnern – ich hob die Büchse, schob mit dem Daumen die Sicherung zurück, ein letzter Druck auf den Stecher nach vorn, so daß jetzt die leiseste Berührung des Abzugs genügte, den Schuß zu lösen – das Blatt des Einsamen kam in mein Visier, Korn und Kimme standen waagrecht genau auf sein Herz, ich hatte ein Hochgefühl, mit nichts bisher in meinem Leben zu vergleichen...

Aber ich schoß nicht. Ich senkte den Lauf meiner Büchse. Ich konnte einfach nicht schießen. Ich liebte doch den Einsamen. Ich hatte in diesem Augenblick eine solche Sehnsucht, ihm etwas Gutes zu tun. Ich wollte ihn besitzen, ja, zugegeben, er durfte keinem anderen gehören, zugegeben, aber ist der Besitz höher als die Liebe? Wie würde es in mir aussehen, wenn ich zu ihm treten würde, den Bruch in der Hand! Ein Stück Wildbret zu meinen Füßen, nicht mehr mein Freund, ein totes Tier nur noch, mit einem Marktwert nach Pfunden gewogen, keine Kreatur Gottes mehr, mir ähnlich – es wäre sehr einsam um mich gewesen und der Wald um mich herum feindlich und der Himmel über mir vorwurfsvoll. Ich klatschte in die Hände, der Einsame blickte zu mir herüber, er mußte mich sehen, ich stand aufrecht am Waldrand, vor der brüchigen Leiter, aber er wurde nicht flüchtig, er zog ein paar Schritte weiter, bis zum nächsten

Ahornsprößling, dort äste er weiter. Und ich, um ihm in meinem Herzen durch gleiches Tun noch näher zu sein, bückte mich zu den Blaubeeren zu meinen Füßen und aß von ihnen eine Handvoll.

»Als Schneider zurück?« fragte mein Gastgeber, als ich in dieser Nacht mit meinem leeren Jagdsack heimkam. »Ist der Einsame heute nicht erschienen?«

Ich sah ihn überrascht an. »Woher wissen Sie, daß ich ihn ausgemacht habe? Und noch mehr: Wieso nennen Sie ihn den Einsamen? Das ist doch der Name, den ich ganz allein ihm gegeben habe.«

»Ein guter Jagdherr weiß alles, was in seinem Revier vorgeht«, sagte er. »Glauben Sie, ich hätte Ihnen diesen Bock freigegeben, wenn ich nicht genau gewußt hätte, daß Sie es nicht über das Herz brächten, ihn abzuknallen?«

Damit reichte er mir die Hand über den Tisch, und wir tranken uns zu.

Als ich zwei Tage später die Rechnung über meinen Aufenthalt von zwei Wochen bezahlen wollte, lag sie bereits quittiert in meinem Fach. Darunter stand: »Sie waren zu Gast bei dem Einsamen.«

Aus »Wohin sind all die Tage...«,
mit freundlicher Genehmigung des Goldmann Verlages, München

Die Tapferkeit im Nebel

Kalendergeschichte

Zu zeigen, daß man Mut im Leib hat, wenn man weiß, wie groß die Gefahr ist, heißt noch nichts; aber couragiert zu sein, ohne zu hören und zu sehen, wo es gilt und ob man im leichtesten Fall nicht lebendig von Ungeheuern gefressen wird, das ist was.

Der Vogt von Nebelheim weiß auch ein Liedchen davon zu singen, und darum schelte ihn mir keiner – es gibt noch schlechtere. Trank er manchmal etwas über den Durst und spielte nach der Polizeistunde noch Trumpf aus, so hatte er das nur mit anderen – und sogar vornehmeren – Vögten gemein, bei denen die innere Polizei etwas geringer besorgt wird als bei unserem Vogt, der sich immer sehr bemühte, einen guten Nachtwächter zu haben. »Denn«, sagte er, »ich bin am Tag Vogt, wache für das Dorf und trinke für mich; des Nachts aber schlafe ich für mich und dürste für das Dorf. Nichts Kummlicheres als ein Vogt!«

Deswegen und weil er einmal im Dorf und im Kopf einen dicken, riechenden Nebel hatte, schaute er um elf Uhr zum Fenster hinaus aufs Feld und stellte so seine Betrachtungen an über die Nebel und daß es zweierlei gäbe – nämlich solche, die doppelt sehen machen, und solche, die einen gar nichts sehen lassen – und daß man sich geschickt in beiden verirren kann, daß aber alle von unten heraufsteigen und von vielen Dünsten entstehen; da könne man von Glück sagen, wenn ein Nebel sich vollkommen in die Höhe ziehe. Gewöhnlich, wenn sie zu dick sind, fallen sie als ein Guß herab und verursachen Kopfweh oder Brustweh, und sogar der Geldbeutel und das Barometer, die Frau und das Quecksilber an der Wand richten sich nach den Nebeln.

»Um Gottes willen, Herr Vogt«, rief da der Nachtwächter.

»Was hast du? Was Neues im Reich?«

»Wir sind alle Kinder des Todes, wenn's wahr ist, was ich gesehen hab'!«

»So?« schnaufte der Vogt, als er mit dem alten Pallasch an der Haustür erschien. »Und was hat Er gesehen, Jörg?«

»Herr Vogt, da vorn in den Gärten eine ganze Kompanie – was Kompanie... ein Regiment... ach Gott – ein ganzes Bataillon Räuber und Spitzbuben mit hohen Kappen und Flinten und Hellebarden. Davon sind zwei – das habe ich selber gesehen, bis ins Dorf herein protokolliert [patrouilliert] und haben Vetter Michels Läden gemustert und sind an des alten Jakobs Küchenfenster gewesen, und wie sie mich gesehen haben, sind sie wieder zu den Kameraden; die sind noch viel größer, und die anderen sind nur ihre Spürmöpslein.«

»Ich armer Vogt, wäre ich doch zu dieser Frist nicht Vogt! Diesmal geht's wieder zuerst über mich her, wie allemal, oder wenn's zum Handkuß kommt, muß ich, der Vogt, wieder vornehin und angreifen. – Aber geholfen muß sein. Jörg, so geh du im Dorf herum, und mach in aller Stille Lärm von Haus zu Haus; wer Flinten hat, nimmt Flinten, wer keine hat, läßt's bleiben und lädt mit der Mistgabel und tut Erbsen hinein, wenn er kein Schrot hat. Und vergiß den Jäger nicht. Mach tapfer, Jörg! Aber halt – bleib doch bei mir, damit ich nicht allein bin; es ist mir so unheimlich ums Herz.«

»Ihr seid nicht allein, lieber Vogt, das merk' ich schon: Euer guter Geist ist diesmal wieder bei Euch. Ich muß fort.«

So machte er in aller Stille Lärm, und in einer Stunde war die gesamte Bürgerschaft vor des Vogts Haus aufgestellt, und es fehlte niemand als der Förster. Aber gerade auf den hätte der Vogt besonders gerechnet, da er nicht nur stechen und schießen und hauen, sondern auch aufschneiden konnte – wie alle Grünröcke. »Also, Tolpatsch, Jörg«, sagte der Vogt, »wo hast du den Förster, den Gevatter? Hast du's vergessen? Du sollst...«

»Ha, ja«, sagte der Jörg, »er hat gelacht und gesagt, das ganze Dorf hätte den Nebel und Ihr hättet auch einen, und weil er Bauchweh habe, könne er nicht kommen. Wenn Ihr aber die Spitzbuben hättet, solltet Ihr sie nur zu ihm bringen, er wolle sie alle umbringen!«

»Ist das auch permittiert von einem Gevatter, daß er mich so im Stich läßt? Also wenn die Wilderer brünstig werden und die Hirsche im Revier sind, dann fürchtet er sich nicht und geht drauflos – und gerade heute hat er so Bauchweh? Daß dich das Bauchweh! Frisch voran, ihr Männer! Wir halten uns aneinander!«

So ging's nun voll Mut und Entschlossenheit bis an die Gärten, wo die Spitzbuben noch in geschlossenen Reihen und unerschüttert standen. Einer mußte voraus, um zu sehen, wo man den Feind am besten angreifen könnte. Dazu verstand sich ein frei- und ehrsamer Schütze, der vor die Mannschaft trat und sprach: »Ihr Männer von Nebelheim, ich gehe voran und rekognosziere! Aber ich opfere mich für euch, und mein Weib und Kind seien euch, meine Seele sei Gott befohlen. Wenn ich zum drittenmal rufe, und sie geben keine Antwort, so schieße ich, und ihr kommt mir zu Hilfe. Gott befohlen, ihr Brüder!«

Da verteilten sie sich, und der Schütze kroch auf dem Bauch fort durch das Gebüsch, und die vereinte Mannschaft stand Hand in Hand, weil aus wahrer Bruderliebe keiner den anderen gehen lassen wollte. Als nun der Schütze mit gepreßter Stimme »Wer da?« rief, da erbebte die Heldenschar im Inneren, denn sie sahen den Feind trotzig dastehen, das Gesicht gegen das Dorf gekehrt und den linken Vorderfuß herausgestellt. Der Vogt und die Richter beobachteten den Feind aus Pflicht fürs Dorf und drückten beim Ruf »Wer da?« die Augen zu und sagten: »O Jesus, jetzt gibt's ein Unglück.«

Die Kerls waren trotzig genug und gaben weder beim zweitenmal noch beim drittenmal Antwort. Also reinigte sich der Freiwillige von aller Schuld und sagte: »Ich bin unschuldig an diesem Blut und kann nichts dafür!« Und – puff! – da stürzte die vordere Reihe der Feinde, und selbst die hintere schien zu wanken.

»He, drauf! Drauf!« rief der Schütze, und die ganze Mannschaft: der Vogt, der Jörg, der Richter – wie ein Hagelwetter ging alles übers Gebüsch auf den Kampfplatz; alles war voll Mut und Leben und Hoffnung, das Dorf vor einer blutigen Gefahr zu bewahren.

Aber wie versteinert waren plötzlich der Schütze und alle, die ihm folgten, und alle waren mausestill vor Schrecken, bis sie beieinander waren. Diese trotzigen Feinde mit den Pelzkappen und Spießen und mit vorgesetztem Fuß waren Brüder – der übrigen Hanfstengel, die büschelweise zum Trocknen dastanden.

»Gottlob«, sagte der Schütze, »daß es das ist und sonst nichts. So was will ich verantworten; aber soviel Blut hätte ich nicht auf mein Gewissen laden mögen.«

Niemand war übler dran als der Vogt. Der schob es auf den Jörg, und der Nachtwächter beteuerte bei allem, was hoch und nieder ist, er habe zwei Kerle von daher ins

Dorf laufen gesehen, und die hätten sich, als sie ihn gesehen hätten, retiriert.

Da hatte er recht, denn die Jugend sucht sich; und sollte sie es gleich nicht im Nebel tun, so benützt sie doch manchmal den Nebel. So hatten zwei Burschen an den Hanfbüscheln einen guten Hinterhalt, als sie den Nachtwächter merkten.

Was aber den Förster anbelangt, so wurmte ihn doch der Vogt, der Gevatter, und er blieb wach und rüstete das Schießzeug. Ja als der erste Schuß geschah, hielt er's für Ernst, legte Waidtasche und Flinte um und eilte auf den Kampfplatz, wo die Goliathe bereits erlegt waren. »Ja«, sagte er, »Gevatter Vogt, das kommt so vom vielen Nebel. Ihr habt Euch doch zum Andenken daran einen Finger verstaucht?« Der Vogt bat ihn, still zu sein, weil er allein im Dorf davon reden dürfe, und die Sache ist auch richtig bis jetzt ein tiefes Geheimnis geblieben.

Aus dem »Rheinländischen Hausfreund«

Das persönliche Horoskop
*Astrologische Charakterkunde für
den unerschütterlichen und optimistischen Löwen
1. Dekade vom 23. Juli–2. August*

Ihr persönlicher Weg zum Glück

Sie sind ein außergewöhnlicher Mensch und vollbringen auch Außergewöhnliches. Dabei brauchen Sie fast nie die Hilfe anderer. Sie vergeuden niemals Ihre Zeit und tun auch nichts Unnützes. Und was Sie einmal angefangen haben, das führen Sie konsequent zu Ende. Sie haben ganz feste Absichten und Vorstellungen, was das Leben angeht, sind dabei aber nicht starrköpfig. Sie verlassen sich selten auf andere und reißen durch Ihre lebhafte und anziehende Art Ihre Mitmenschen mit. Astrologisch bieten sich gerade Ihnen eine Menge Chancen, damit Sie das Beste aus sich machen können. Sie müssen allerdings entsprechend an sich arbeiten. Die Sterne künden Ihnen zwar kein unabwendbares Schicksal, doch ist die Astrologie eine echte Lebenshilfe, die Ihnen den optimalen Weg für Ihre Zukunft zeigt.

Für ein glückliches und ausgeglichenes Dasein spielen ganz bestimmte Farben für Sie eine dominierende Rolle. Als Löwe-Geborener der ersten Dekade werden Sie besonders von drei Farben positiv beeinflußt: Rot, Gelb und Grün, wobei Goldgelb für Sie den wohl größten Reiz darstellt. Umgeben Sie sich recht häufig mit diesen Farben. Bei Kleidern, Vorhängen, Möbelstoffen oder Teppichen werden Sie dies besonders angenehm empfinden. Die genannten Farben üben auf Ihr Innenleben einen wohltuenden Einfluß aus.

Die Glücks- und Schicksalszahlen für den Löwe-Geborenen der ersten Dekade sind die Eins und die Zwei. So manche Entscheidung in Ihrem Leben wird damit zusammenhängen. Seien Sie sich dessen immer bewußt.

Ihre Glücksmetalle, die Ihnen astrologisch zugeordnet sind und die Ihren Organismus besonders positiv beeinflussen, sind an vorderster Stelle das Gold und zu einem kleineren Teil auch das Silber. Schmuck, der in diesem Verhältnis Gold und Silber enthält, hebt Ihre Lebensfreude. Das Gold übt heilenden Einfluß auf Störungen im Blutkreislauf aus. Viele Löwe-Geborene tragen daher goldene Amulette oder goldene Armreifen.

Ihr eindeutiger Glücksstein ist der Rubin. Ideal ist er für Sie in Gold oder Silber gefaßt. Doch auch alle anderen Edelsteine bringen Ihnen Glück, die in den Farben Gelb und Rötlichgelb schimmern. Und in der ersten Löwe-Dekade gibt es auch eine gute Beeinflussung durch echte Perlen.

Die Pflanze, die Ihnen Glück bringt, ist die Heckenrose, aber auch die Buschrose.

Wenn Sie einen Weg voller Glück gehen wollen, dann sollten Sie unentwegt etwas für Ihre Lebensfreude tun: Treffen Sie sich mit netten Freunden und Verwandten. Feiern Sie, wenn es Gelegenheit dazu gibt. Es macht Ihnen ebensolchen Spaß, eine große Party zu veranstalten wie eine zu besuchen. Und dann wird es wieder Zeiten in Ihrem Leben geben, wo Sie Spaß daran haben, besonders groß auszugehen, an einer Opern-, Theater- oder Kinopremiere teilzunehmen, sich inmitten eleganter und interessanter Menschen zu bewegen und anregende Gespräche zu führen. In jedem Fall kommt bei Ihnen als Löwe-Geborener der ersten Dekade der Tag, an dem Sie unbedingt eine Wette eingehen wollen, egal, ob es sich um eine harmlose, kleine Wette oder um eine große Sache mit hohem Gewinn handelt. Es reizt Sie besonders, sich an einer Wette zu beteiligen. Das bringt Sie in Hochform, gibt Ihnen Lebensfreude. Und keiner braucht sich um Sie zu sorgen. Sie beteiligen sich nämlich nur dann an einer Wette, wenn die Chancen für einen Gewinn sehr groß sind. Sie gehen kein Risiko ein, wenn Sie mit einer Niederlage rechnen müssen. Sie wissen genau, daß Sie ein schlechter Verlierer sind. Ähnlich ist das auch beim Glücksspiel. Als Löwe-Geborener der ersten Dekade fühlen Sie sich immer wieder magisch zum Roulettetisch oder zu einem Spielautomaten hingezogen. Und Sie haben da auch mitunter unwahrscheinliches Glück. Sie wissen aber ganz genau, wann Sie wieder aufhören müssen. Sie spielen gern, werden jedoch nie dem Spiel verfallen. Durch einen gewissen Krebs-Einfluß in Ihrer ersten Dekade kommt auch bei Ihnen manchmal der Hang zum Sammeln und Aufbewahren durch. Entweder sind Sie Besitzer eines Bastelschrankes, in dem Sie alle alten Dinge, die andere wegwerfen, aufheben, oder Sie sammeln Zündholzschachteln, Muscheln, Münzen oder Briefmarken. Als Löwe tendieren Sie vermutlich zu wertvolleren Sammelobjekten.

Viel Glück erleben Sie in einem gemütlichen Heim, das zwar eine Menge Geld kostet, dann aber Ihren absoluten Vorstellungen von Komfort und Lebensqualität entspricht. Sie sind jedoch kein Angeber und Hochstapler. Sie könnten in schlechteren Zeiten durchaus auch karg leben. Wenn Sie es sich aber leisten können, bevorzugen Sie den höheren Lebensstandard.

Sie brauchen Erfolg und wollen ihn mit Freunden und Bekannten auch genießen und feiern. Und dann tritt plötzlich eine typische Krebs-Eigenschaft bei Ihnen in der ersten Löwe-Dekade zutage: Sie werden etwas sentimental, denken nach, wie alles gekommen ist. Sie beginnen, an Ihre Kindheit und Jugend zurückzudenken, und spüren Ihre starke Familienverbundenheit. Sie haben es dann gar nicht gern, wenn man sich in solchen Situationen über Sie lustig macht. Eine sehr starke Krebs-Beeinflussung ist auch bei jenen Löwe-Geborenen zu erkennen, die ihr größtes Glück im Hochsommer finden und nur in der warmen und heißen Jahreszeit Energie auftanken können, auch für die kommenden kalten Monate. Sie lieben Geschenke und ziehen wertvolle Präsente bei weitem den bescheidenen vor. Doch werden Sie nicht – wie andere Löwe-Geborene – gleich böse sein, wenn jemand Sie mit einer weniger kostspieligen Aufmerksamkeit beschenkt. Sie werden es ihm wahrscheinlich auch nicht sagen, daß Ihnen etwas anderes lieber gewesen wäre. Dafür aber werden Sie, wenn Sie dran sind, tief in die Tasche greifen, um den anderen zu beschämen.

Tun Sie Gutes, so oft Sie nur die Gelegenheit dazu haben. Das macht Ihnen nämlich sehr viel Freude und schafft Ihnen ein seelisches Gleichgewicht.

Nützen Sie Ihre positiven Anlagen

Als Löwe-Geborener der ersten Dekade wissen Sie oft selbst gar nicht, welche wertvollen Charakterzüge in Ihnen ruhen. Da hilft die Astrologie. Durch sie erfahren Sie, daß Sie nur dann einen positiven und erfolgreichen Menschen aus sich machen können, wenn Sie sich besonders zusammennehmen, wenn Sie hart an sich arbeiten und damit die erfreulichen Charaktereigenschaften, die in Ihnen schlummern, zur Entfaltung bringen.

Beweisen Sie vor allem im Privatleben und im Beruf Ihre Vertrauenswürdigkeit und Ihr Verantwortungsbewußtsein. Damit haben Sie schon eine wertvolle Basis geschaffen. Bemühen Sie sich, Ihren Mitmenschen in allen Lebenslagen möglichst auf unauffällige und seriöse Art entgegenzukommen. Mit genügend Edelmut werden Sie viele Freunde gewinnen. Und wenn Sie von Herzen liebevoll und aufrichtig sind, fliegt Ihnen von allen Seiten Sympathie zu. Seien Sie optimistisch und großzügig. Dann wird man Sie zum Vorbild für viele Leute machen.

Fördern Sie Ihre angeborene Kreativität, und nützen Sie diese für künstlerische Erfolge aus. Lernen Sie eifrig, und wagen Sie sich mutig ans Werk. Lassen Sie sich Ihr Talent von Neidern nicht ausreden.

Bewahren Sie sich Ihren unerschütterlichen Glauben an das Gute, und bleiben Sie ein Symbol für die Treue. Bemühen Sie sich, daß Sie niemals einen Ihrer liebsten Mitmenschen enttäuschen. Sie nehmen viele Hürden mit Entschlossenheit und Konzentration. Und wenn Sie dann noch den Scharfsinn, die Intuition und die Friedfertigkeit aus einem gewissen Krebs-Einfluß in Ihrer ersten Löwe-

Dekade mitbekommen haben, dann kann nichts schiefgehen. Genau dieser Krebs-Einfluß tut Ihnen gut und unterstützt Ihre Produktivität, verdoppelt Ihre Gewissenhaftigkeit und macht sie zu Ihrer Mustertugend.

Vorsicht vor den eigenen Fehlern

Die meisten Pannen passieren im Leben ja doch immer dann, wenn man sich nicht oder zuwenig auf die eigenen negativen Eigenschaften einstellt, wenn man die eigenen Fehler ignoriert. Darum ist es gut, daß uns die Sterne so offen und ehrlich darüber aufklären, welche gefährlichen Anlagen in jedem von uns schlummern, die bei mangelnder Disziplin überhand nehmen und uns schaden können.

Wenn Sie als Löwe-Geborener der ersten Dekade unsicher und ängstlich an Ihre Aufgaben herangehen, verbauen Sie sich selbst viele Erfolgschancen. Sie laufen dann Gefahr, mit Arroganz und Prahlerei darüber hinwegzutäuschen. Auf diese Weise stoßen Sie viele Mitmenschen vor den Kopf und bauen sich selbst gesellschaftliche Barrieren. Sie gleiten leicht zur Intoleranz und Sturheit ab. Das aber schafft Feinde. Mit selbstsüchtigen Aktionen machen Sie sich auf die Dauer unglücklich. Leider trägt mancher Löwe-Geborene einen Hang zur Eitelkeit in sich und ist nur schwer dazu zu bewegen, ihn zu erkennen und zu bekämpfen. Manchmal – an ganz negativen Tagen – könnte es Sie verlocken, Ihrem Partner untreu zu werden. Beherrschen Sie sich, denn es folgt ein unangenehmes Ende. Üben Sie Selbstdisziplin gegen Grausamkeit, Gefühllosigkeit und Wichtigtuerei. Den Hang zur Feigheit und Faulheit weisen nur wenige Löwe-

Geborene auf. Durch den deutlichen Krebs-Einfluß in Ihrer ersten Löwe-Dekade bringen Sie bei der Partnerwahl Angst vor Bindungen mit, sind überempfindlich gegen Kritik und können durch Ihre Nervosität und Unzuverlässigkeit anderen schweren Kummer bereiten.

Ihre Chancen in Liebe und Ehe

Sie gehen mit einem starken Gerechtigkeitssinn an eine Partnerschaft heran. Sie sind bereit, viel Liebe zu geben, erwarten aber auch, daß man Ihnen eine ebenso ehrliche Liebe entgegenbringt. Sie gehen daher sehr klug voran und überstürzen bei neuen Bekanntschaften nichts. Sie schlagen meist einen recht langsamen Weg ein. Sie sind sich Ihrer Sache im Grunde genommen erst so richtig sicher, wenn Sie deutliche Beweise für Liebe und Sympathie erhalten haben. Aus einem unverkennbaren Krebs-Einfluß in Ihrer ersten Löwe-Dekade heraus wollen Sie Ihren Partner ganz für sich allein haben und übertreiben daher in Sachen Eifersucht oft ganz gewaltig. Bedenken Sie, daß Sie da sehr viel zerstören können.

Die Liebe und die Ehe sind für Sie keine Spielerei. Daher müssen Sie Ihrem Partner von Anfang an klarmachen: Sie ertragen keine Enttäuschung und reagieren darauf sehr rigoros. Sie werden sich vielleicht nicht gleich vom Partner trennen, doch Sie werden ihm niemals vergessen können, was er Ihnen angetan hat. Wo das Vertrauen nicht mehr vorhanden ist, da gibt es für den Löwen nur mehr Verzweiflung, Traurigkeit und Unsicherheit.

Wenn dann eine Herzensbindung auseinandergeht, so leidet der Löwe-Geborene am meisten darunter. Wer immer auch schuld daran war: Er beginnt zu grübeln und zu analysieren und vergißt dabei oft, daß das Leben weitergeht. Zugegeben: Man sollte immer probieren, ob es etwas zu reparieren gibt. Doch ist dies nicht möglich, dann besteht für den Löwen die beste Lösung darin, sich nach einem neuen Partner umzusehen. Dennoch müssen gerade Sie in dieser Situation sehr vorsichtig sein. In Ihrer Trauer um die erst überwundene Enttäuschung agieren Sie mitunter ein wenig zu vertrauensselig und manövrieren sich damit gleich ins nächste Liebespech hinein. Machen Sie doch mehr von dem goldenen Talent Gebrauch, das in Ihnen schlummert: Sie können nämlich aufgrund einer unglaublichen Intuition andere Menschen blitzschnell charakterisieren. Sie tun es in Herzensangelegenheiten nur leider viel zu selten. Und darum ist es auch möglich, daß so ein umsichtiger und kluger Löwe-Geborener der ersten Dekade auf einen raffinierten Partner voll und ganz hereinfällt. Dagegen hilft Aufmerksamkeit und Einfühlungsvermögen. Mit gebieterischem Äußeren und vorgetäuschter Selbstsicherheit kommen Sie nicht aus der Gefahrenzone heraus.

Wenn Sie immer wieder Ihr Glück bei reiferen Partnern suchen, dann können Sie einen Krebs-Einfluß in Ihrer ersten Dekade schwerlich verleugnen. Und Sie fahren damit meist ganz gut im Leben. Lassen Sie sich da von anderen nichts dreinreden. Auch zeitweise Gefühlsschwankungen, ja sogar Depressionen in Herzensdingen sind auf den Krebs-Einfluß zurückzuführen. Da nützt nur eines: Sprechen Sie sich so oft wie möglich mit dem Partner aus.

Der Löwe-Geborene der ersten Dekade wird, obwohl er viel und gern groß ausgeht, seine interessantesten und zukunftssichersten Eroberungen in der Liebe im kleinsten Rahmen, meist bei einem gemütlichen Abendessen in privater Atmosphäre, machen. Vorsicht bei einem Partner, der bei Ihnen Mitleid heischen möchte. Er könnte die Absicht haben, Ihre Gefühle auszunützen. Testen Sie ihn mit gezielten Fragen und Vorschlägen für die Zukunft.

Wenn Sie einmal nicht im Mittelpunkt der Zweisamkeit stehen, so verfallen Sie nicht gleich in Minderwertigkeitskomplexe, und werden Sie nicht taktlos. Sie erwarten ja auch, daß sich der Partner Ihnen gegenüber vorbildlich benimmt.

Ideale Verbindungen geht der Löwe-Geborene der ersten Dekade mit Skorpion, Fisch, Widder und Schütze ein. Mit Waage, Zwilling und Stier müssen eine Menge Hindernisse genommen werden, ehe Harmonie in Sicht kommt. Mit Jungfrau und Steinbock sowie mit dem Wassermann kann der Löwe Himmel und Hölle erleben. Mit dem Krebs geht es nur gut, wenn beide sehr tolerant sind. Und der Löwe-Geborene der ersten Dekade verträgt sich mit jedem anderen Löwen erst nach Überwindung einer Krise.

Sie und Ihre Freunde

Sie fühlen sich unter Freunden nicht wohl, die immer wieder Kritik üben, auch wenn diese nur im Scherz angebracht wird. Sie werden auch sehr böse, wenn man Sie auslacht. Aufgrund eines gewissen Krebs-Einflusses in Ihrer ersten Löwe-Dekade ist Ihnen auch eine unangenehme Wahrheit aus dem Mund von Freunden gar nicht recht. Ehrlichkeit, die weh tut, ist nichts für Sie. Ebensowenig können Sie es ertragen, wenn jemand Ihnen ununterbrochen Vorschriften machen möchte.

Ganz besonders allergisch reagieren Sie auf Menschen, die sich urplötzlich als Intriganten entpuppen. Dabei ist es Ihnen vollkommen egal, ob diese Intrige gegen Sie oder gegen andere gerichtet ist. Eine einzige Unaufrichtigkeit kann Sie dazu bewegen, eine Freundschaft jäh zu beenden. Was Ihre Privatsphäre betrifft, da sind Sie auch Freunden gegenüber sehr empfindlich. Sie können es nicht vertragen, wenn Sie einem Kreuzverhör unterzogen werden und vielleicht gar Details über sich selbst preisgeben sollen, die Ihrer Meinung nach nur Sie selbst etwas angehen.

Sie sind bekannt dafür, daß Sie gern helfen und sehr großzügig sein können. Doch Sie merken sehr schnell, wenn Sie jemand ausnützen möchte. Mit solchen unverschämten Zeitgenossen sind Sie schnell fertig, und Sie verstehen es vorzüglich, mit ihnen auf geniale Art abzurechnen.

Wenn Sie unter einem starken Krebs-Einfluß in Ihrer ersten Löwe-Dekade stehen, dann läßt sich bei Ihnen eine gewisse Sentimentalität nicht leugnen. Sie wehren sich allerdings sehr dagegen, wenn man sich darüber lustig macht. Sie schämen sich nicht, daß Sie plötzlich Tränen in den Augen haben. Aber Sie werden sehr böse, wenn die anderen dies nicht akzeptieren. In solchen Situationen hat schon mancher Ihr Vertrauen verloren.

Hüten Sie sich im Umgang mit Freunden vor einer gewissen Arroganz, die im Grunde nicht böse gemeint ist. Man könnte diese Haltung aber gründlich mißverstehen.

Ihre beruflichen und finanziellen Chancen

Als Löwe-Geborener der ersten Dekade sind Sie auf der Suche nach einem Beruf, der Ihnen auf der einen Seite Sicherheit, auf der anderen Seite eine Karriere bietet. Sie wollen beides und finden es meist auch. Vielleicht lassen Sie sich mehr Zeit als andere Menschen, bis Sie Ihre ideale Beschäftigung gefunden haben. Doch dann sind Sie glücklich und denken auch nicht so schnell daran, Ihren Broterwerb zu ändern. Sie sind auch bereit, sich gewissen beruflichen Ordnungen zu unterwerfen. Sie sehen ein, daß es straffe Organisationen geben muß. Sie wissen ja, daß Sie eines Tages ganz oben sein werden, denn das ist Ihr geheimes Ziel. Und was sich der Löwe-Geborene der ersten Dekade vornimmt, das schafft er auch.

Sie wollen ein wenig über Menschen entscheiden und »regieren«, denn dann haben Sie auch die Chance, daß Sie Ihrer Erfolge wegen bewundert werden. Sie können keinem Beruf nachgehen, bei dem Sie nur still im Hintergrund wirken.

Als Vorgesetzter ist der Löwe-Geborene der ersten Dekade ein verständnisvoller Zeitgenosse, der zwar nicht viele Scherze macht, aber gut bezahlt und ein erschreckend gutes Gedächtnis hat. Man kann mit privaten Sorgen zu ihm kommen, vor allem Familienprobleme werden ihn rühren und vielleicht dazu bringen, daß er helfend eingreift. Er verteidigt seine Untergebenen und legt Wert auf mustergültigen Ton am Arbeitsplatz. Als Angestellter ist der Löwe-Geborene der ersten Dekade freundlich, zuverlässig und ehrgeizig. Er läßt sich nicht so ohne weiteres etwas vorschreiben, läßt sich mit dem Chef in Diskussionen ein und schreckt auch vor Streitgesprächen nicht zurück. Er ist kollegial, fair und ehrlich und legt Wert auf einen wunderschönen, freundlichen Arbeitsplatz. Er braucht Lob und eine gute Bezahlung.

Ideale Berufe für den Löwe-Geborenen der ersten Dekade – egal ob Mann oder Frau – sind: Mediziner, Erzieher, Gärtner, Förster, Sekretärin, Archivar, Filmberufe, Manager, Berufe in der Werbung oder in kaufmännischen Bereichen, Schauspieler, Graphiker, Bühnenbildner, Verkäufer, Lehrer. Finanziell leben Sie aufgrund des Krebs-Einflusses in Ihrer ersten Dekade in immerwährender Angst vor einer schlechten Zukunft. Sie sollten daher auf jeden Fall mit einem Sparkonto, mit einem kleinen Grundstück oder einer Eigentumswohnung ein wenig Sicherheit in Ihr Leben bringen. Bilden Sie sich aber niemals ein, Sie könnten sich aufgrund von Spielgewinnen eine sichere Zukunft schaffen. Lassen Sie sich beim Anlegen von Geld von einer Bank beraten. Und stellen Sie allzu großzügige Geschenke ein. Vorsicht: Verwandte könnten eines Tages die Ursache sein, daß Sie sich in Schulden verstricken.

Tips für Ihre Gesundheit

Als Löwe-Geborener der ersten Dekade müssen Sie um alles in der Welt verhindern, daß Sie Übergewicht haben. Sie geben damit verschiedenen unangenehmen und gefährlichen Leiden Zündstoff. Ihre Lungen sind vor allem dann in Gefahr, wenn Sie nur sporadisch in die Natur hinausgehen. Sie brauchen regelmäßig sauerstoffreiche Luft. Betreiben Sie Sport oder Gartenarbeit.

Schwachstellen in Ihrem Organismus sind die Nieren in bezug auf Steinbildung und Entzündungen, die Haut, was Allergien und Ausschläge betrifft, und die Beine in bezug auf Unfälle.

Ganz besonders aber müssen Sie – wie alle Löwe-Geborenen – auf Ihr Herz aufpassen. Vor allem müssen Sie vermeiden, daß Sie durch zuviel Arbeit und Hektik die Funktion Ihrer Lebenspumpe beeinträchtigen oder gefährden. Viele lästige Leiden nehmen bei Ihnen vom Herzen aus ihren Ausgang. Ähnlich ist es bei Ihnen auch – vielfach bedingt durch Haltungssünden in der Jugend – mit der Wirbelsäule. Als Löwe sollten Sie alles vermeiden, was Ihr Knochengerüst zu sehr belastet. Vor allem einseitige Belastungen bei der Arbeit und beim Sport können sich verhängnisvoll auswirken.

Schneller als andere Tierkreiszeichen handeln Sie sich Kreislaufbeschwerden, Kehlkopferkrankungen sowie Schmerzen in den Schultern und im Rücken ein. Halsentzündungen treten bei Ihnen zu gewissen Jahreszeiten immer wieder besonders langwierig auf.

Beobachten Sie sich am Morgen ganz genau. Horchen Sie in sich hinein, und reagieren Sie auf die kleinsten Warnungen Ihres Organismus. Als Löwe-Geborener der ersten Dekade neigen Sie nämlich dazu, erste Alarmanzeichen in gesundheitlicher Hinsicht zu überhören. Und dann sind Sie ganz außer sich, wenn »so plötzlich« ein Leiden vorhanden ist. Wenn Sie sich besser kennen würden, hätten Sie es vielleicht noch zu einer Zeit erahnt, als es noch Chancen für eine Vorbeugung oder eine einfache Behandlung gab. Vielleicht sollten Sie sich angewöhnen, in regelmäßigen Abständen Ihren Arzt aufzusuchen.

Wenn Sie einmal krank sind, dann gibt es keinen Grund, die Nerven zu verlieren und in Panik zu geraten. Sie dürfen nicht gleich schwarzsehen. Sie neigen dazu, Ihre Krankheit immer für schlimmer einzuschätzen, als sie in Wahrheit ist. Festigen Sie lieber in sich den eisernen Willen zum Gesundwerden. Das wirkt bei Ihnen ganz besonders verblüffend. Es ist, als hätten Sie eine geheimnisvolle magische Kraft in sich, die mit Krankheiten schnell fertig zu werden versteht. Dadurch werden Sie oft erstaunlich schnell gesund. Nur dort, wo Sie als Löwe-Geborener der ersten Dekade bereits den Mut verlieren. weil eine Krankheit etwas länger dauert, da ist der typische Krebs-Einfluß mit im Spiel. Das darf Sie aber auch nicht weiter beunruhigen. Dafür erholt sich Ihr Körper dann später um so schneller.

Halten Sie sich an die vorgeschriebene Bettruhe des Arztes, und verlieren Sie nicht den Mut, wenn Sie plötzlich hohes Fieber bekommen. Das vergeht bei Ihnen schnell wieder. Seien Sie bei den Untersuchungen des Arztes etwas mutiger, und fallen Sie nicht gleich bei der ersten Injektion in Ohnmacht. Sie erschweren sonst die Therapie des Mediziners. Aus dieser Angst vor dem Arzt heraus begeht mancher Löwe-Geborene einen groben Fehler. Er läßt sich zu dubiosen Kuren und Heilmitteln verleiten, die ihm dann recht gefährlich werden können. Die Naturheilkunde kann Ihnen viel helfen, aber nur wenn Sie sie in Absprache mit dem Arzt anwenden.

Schieben Sie Kummer und Ärger von sich. Sie können davon körperlich krank werden. Und sehen Sie zu, daß auch Ihre Nerven Ruhepausen erhalten. Sonst sehen Sie sich eines Tages mit einer Krise konfrontiert.

Tips für Freizeit und Urlaub

Sie wollen zwar immer furchtbar gern verreisen und Urlaub machen, doch gleichzeitig gibt es immer irgendwo einen Hemmschuh. Dazu kommt eine gewisse Unsicherheit vor dem Organisieren so einer Ferienzeit. Also sollten Sie sich als Löwe-Geborener der ersten Dekade unbedingt jemand suchen, der sowohl die Initialzündung für eine Reise gibt, als Sie auch anspornt, mit den Vorbereitungen zu beginnen. Sie haben nämlich in Ihrem innersten Inneren ein ungeheures Talent, einen Superurlaub in die Wege zu leiten.

Sie brauchen Ferientrubel. Hüten Sie sich also davor, in irgendeine einsame Gegend zu fahren, um sich zu erholen. Zugegeben, die ersten Ferientage sind Sie müde und wollen nur faulenzen. Dann aber stürzen Sie sich mit Feuereifer in den Trubel der Fremde, wollen Menschen kennenlernen, Interessantes sehen und gut essen. Sie wollen komfortabel wohnen und sich in den Ferien verwöhnen lassen. Können Sie sich dies einmal nicht leisten, dann sollten Sie ernstlich überlegen, ob es nicht besser wäre, zu Hause zu bleiben. Sie brauchen auf Reisen viel Gepäck und viele Kleidungsstücke. Denn Sie ziehen sich am liebsten für jeden Anlaß um. Das macht Ihnen Spaß. Wenn es in einem Urlaubsort ein Spielcasino gibt, dann müssen Sie es besuchen. Nur machen Sie keinen Daueraufenthalt daraus!

Es ist Ihnen egal, ob Sie frische Bergluft atmen oder am Wasser Ferien machen. Sie fühlen sich da überall wohl. Gehören Sie zu den Souvenir-Sammlern, dann sind Sie unverkennbar vom Krebs beeinflußt.

Wenn Sie ein Kind haben

Als Löwe-Geborener der ersten Dekade neigen Sie beim Erziehen manchmal zu Wankelmut und Launenhaftigkeit. Dagegen müssen Sie ankämpfen, sonst wird Ihr Kind nervös und unsicher. Ansonsten sind Sie sehr talentiert, Ihre Sprößlinge ins Leben einzuführen. Sie meinen es nur manchmal mit den Kleinen zu gut und wollen ihnen um jeden Preis jeglichen Wunsch von den Lippen ablesen. Das ist gefährlich und legt die Voraussetzung zu unzufriedenen und egoistischen Erwachsenen. Schmieden Sie für Ihre Kinder keine zu ehrgeizigen Pläne. Sonst gibt es eines Tages auf beiden Seiten Enttäuschungen. Stellen Sie Ihr Kind nicht unter eine Glasglocke, sonst wird es weltfremd und unselbständig.

Wenn du ein Löwe-Kind bist

Wenn du noch ein Kind bist, das im Zeichen des Löwen in der ersten Dekade geboren ist, dann spielst du für dein Leben gern und vergißt dabei ganz die Zeit. Du brauchst viel Lob, wenn du ein tüchtiger, selbstsicherer Mensch werden willst. Nimm dich zusammen, damit du nicht zu launenhaft und dickköpfig bist und kein Prahlhans wirst. Das alles könnte dich unsympathisch machen. Betreibe viel Sport und gehe oft an die frische Luft. Denke gut nach, bevor du dein Taschengeld ausgibst. Spare es lieber. Wenn du Angst vor Schulprüfungen hast, dann sprich dich ganz ehrlich und offen mit deinen Eltern aus. Sie können dir helfen. Lüge nie einen Menschen an, den du magst. Du zerstörst damit viel.

Die Geburtstagsfeier

Viele Anregungen und ein köstliches Geburtstagsmenü

Feiern Sie an Ihrem Geburtstag doch einmal wieder richtig. Zum einen macht es Spaß, einmal im Jahr die Hauptperson zu sein, zum anderen können Sie sich Freunde einladen, die Sie gerne um sich haben.

Ihre Einladung kann ganz unterschiedlich ausfallen, je nach dem Rahmen, den Sie für Ihr Fest wünschen. Wenn Sie sich für eine Einladungskarte entschließen, so sollte darauf zu lesen sein: Der Anlaß der Feier (z. B. Geburtstagspicknick, -gartenfest, -grillparty etc.), das Datum, die Uhrzeit, zu der Sie beginnen möchten, Ihre genaue Adresse oder die Anschrift, wo gefeiert wird, Ihre Telefonnummer sowie die Bitte um Nachricht, ob der oder die Eingeladene kommen wird.

Am besten legen Sie Ihr Fest auf das Wochenende oder vor einen Feiertag. Dann kann jeder am folgenden Tag ausschlafen.

Zum organisatorischen Ablauf: Anhand der Anzahl der geladenen Gäste prüfen Sie, ob Sie genügend Gläser, Bestecke, Sitzgelegenheiten und Getränke haben. Sorgen Sie auch für die passende Musik. Lassen Sie sich bei den Vorbereitungen von hilfsbereiten Freunden helfen.

Als Anregung für Ihre Geburtstagsfeier hier einige nicht ganz gewöhnliche Vorschläge:

Der Kaffee-Klatsch

Sie veranstalten einen richtigen altmodischen Kaffee-Klatsch am Nachmittag, laden alle Ihre lieben Freundinnen ein und bitten jede, einen eigenen Kuchen oder Plätzchen zur Bereicherung der Kaffeetafel mitzubringen. Dazu lassen Sie sich eine wunderschöne Tischdekoration einfallen, bieten vielleicht Irish Coffee und Russische Schokolade (mit Schuß!) an, und ganz bestimmt gehen Ihnen die Gesprächsthemen nicht aus.

Die Bottle-Party

Oder – der Gerechtigkeit halber – eine männliche Variante: Sie trommeln Ihre besten Freunde und Kumpel zusammen und geben eine ebenso altmodische Bottle-Party, zu der jeder, der mag, ein Getränk beisteuert. Als »Unterlage« vielleicht etwas Käsegebäck oder deftige Schmalzbrote. Das wird sicher eine Geburtstagsfeier, an die jeder gerne zurückdenken wird.

Die Cocktail-Party

Sie veranstalten eine Cocktail-Party mit möglichst vielen Freunden und lassen die wilden Jahre (die bei den meisten im Alter zwischen 20 und 30 Jahren stattfinden – bei manchen enden sie nie...) wieder auf- und hochleben. Dazu sollte die Musik sorgfältig ausgewählt werden. Vielleicht sogar Charleston à la 20er Jahre vom Grammophon? Ein geübter Barmixer findet sich bestimmt unter Ihren Freunden. Da wahrscheinlich wild getanzt wird, brauchen wir viel Platz zum Tanzen. Eine feinsinnige Tischordnung entfällt.

Der Spezialitäten-Abend

Wir laden eine kleinere Runde zu einem fremdländischen Menü ein. Die Frage, ob Italienisch, Französisch, Chinesisch, Mexikanisch... lösen Sie ganz nach Ihrem Geschmack. Servieren Sie mehrere Gänge und die dazu passenden Getränke. Viele Kerzen und leise Musik machen das Ganze stimmungsvoll.

Die Picknick-Fete

In der wärmeren Jahreszeit machen eine »Picknick-Radel-Tour« oder auch ein »Geburtstags-Spaziergang« sicher allen Spaß. Diese Möglichkeit bietet sich insbesondere auch an, wenn Gäste ihre Kinder mitbringen wollen. An einem Fluß, auf einer Wiese oder in einem Park wird dann Rast gemacht und im Freien geschmaust.

Das herbstliche Pendant dazu wäre ein »Kartoffelfeuer-Picknick«. Die neuen Kartoffeln werden im Lagerfeuer gegart. Das macht Spaß und schmeckt ausgezeichnet. Im Winter können Sie die Möglichkeit eines »Schneespaziergangs« im Winterwald oder eine »Schlittenfahrt« in Erwägung ziehen, die dann bei einem Punsch zum Aufwärmen und einer rustikalen Brotzeit enden.

Das Grill-Fest

Beliebt und unkompliziert. Benötigt wird nur: Ein Fäßchen Bier, eine Riesensalatschüssel, Würstchen und verschiedene Fleischsorten zur Bewirtung der Gäste, ein offener Grill, um den sich die Hungrigen scharen. Dieses Fest ist rustikal und eignet sich vorzüglich für den Garten oder auch für ein Fluß- oder Seeufer.

Die Keller-Party

Für dieses Fest sollten Sie – dem Publikum entsprechend – eine gute Musik-Auswahl treffen und für eine nicht zu kleine Tanzfläche und Sitzgelegenheiten am Rande sorgen. Ein paar kleine Leckereien und die Getränke-Auswahl bauen Sie am besten im Vorraum, im Flur oder in der Küche auf. Keine teuren Gläser, keine komplizierten Menüs. Jeder bedient sich selbst. Diese Feste sind meist recht lustig und ungezwungen.

Der Kindergeburtstag

Ein Kindergeburtstag mit viel Kuchen und Schokolade ist immer ein Erfolg. Wenn dann anschließend noch Spiele gemacht werden, bei denen hübsche Kleinigkeiten zu gewinnen sind, dürfte die Begeisterung groß sein.

Der Brunch

Das ist eine Erfindung der Engländer, erfreut sich aber auch hier wachsender Beliebtheit. Gemeint ist ein Frühstück, was sich über den ganzen Tag erstrecken kann und aus süßen und salzigen Schlemmereien – warm und kalt –, mehreren Sorten Brot, Kaffee, Tee, Saft, Sekt besteht.

Noch einige Tips zum Schluß: Übernehmen Sie sich nicht bei der Dekoration. Sie ist am nächsten Tag nicht mehr brauchbar. Zwingen Sie niemanden, Dinge zu tun, die er wirklich nicht möchte. Dazu gehört auch das Tanzen. Aber stellen sie vielleicht Pinsel, Farben und Leinwand für spontane Aktionen zur Verfügung. So entstehen manchmal Kunstwerke, die allen Beteiligten Spaß machen.

Das Geburtstagsmenü zum 29. Juli

Zur Krönung des Geburtstages gehören ein gutes Essen und ein süffiger Tropfen. Vielleicht verwöhnen Sie sich an diesem Tag mit Ihrem Leibgericht oder speisen in Ihrem Lieblingslokal. Vielleicht lassen Sie sich aber auch einmal mit etwas Neuem überraschen und probieren dieses speziell für Ihren Tag zusammengestellte Menü. Gutes Gelingen und guten Appetit!

*

Joghurtsuppe mit Pfefferminze

300 g Joghurt der Magerstufe, $^1/_8$ l Tomatensaft, $^1/_8$ l Milch, 1 Knoblauchzehe zerdrückt, 1 El gehackte Pfefferminze, $^1/_2$ Gurke geschält und in feine Scheiben geschnitten, Salz und Pfeffer, Pfefferminzblätter zum Garnieren

Joghurt und Tomatensaft in eine Schüssel geben und gründlich vermischen. Milch, Knoblauch, Pfefferminze, Gurke, Salz und Pfeffer einrühren. In eine Suppenterrine umfüllen und 2 Stunden kühlen. Vor dem Anrichten mit Pfefferminze garnieren.

Birnen mit Krabbensalat

4 reife Birnen, Saft einer Zitrone, 4 Tl Birnengeist, 2 Tomaten häuten, entkernen, 200 g Krabbenfleisch
Für die Sauce: $^1/_2$ Becher Joghurt, 1 El Mayonnaise, Salz, Pfeffer, Zucker, Cayennepfeffer, 1 Bund Dill feinschneiden

Die gewaschenen Birnen längs halbieren, Kerngehäuse entfernen, etwas Fruchtfleisch herausschneiden. Birnen mit Zitronensaft und Birnengeist beträufeln. Birnen- und Tomatenfleisch in feine Würfel schneiden, mit den Krabben mischen und Birnenhälften füllen. Sauce anrühren und über den Salat gießen.

Lebereintopf mit Speck

1 große Zwiebel, in Scheiben geschnitten, 2 mittelgroße Kochäpfel geschält, vom Kernhaus befreit und in Scheiben geschnitten, 125 g Champignons in Scheiben geschnitten, 250 g Schinkenspeck geschnitten, 750 g Lammleber in Scheiben geschnitten, Salz und Pfeffer, 1 Dose Kraftbrühe (ca. 400 g), 1 große Dose geschälte Tomaten, abgetropft und geschnitten, gehackte Petersilie zum Bestreuen

Ein Drittel der Zwiebel auf den Boden einer gefetteten Kasserolle legen. Mit je einem Drittel der Apfelscheiben, der Pilze und des Specks bedecken, dann die Hälfte der Leber darüber verteilen. Reichlich würzen. Schichten wiederholen und die Kraftbrühe aufgießen. Tomaten obenauflegen. Gut verschlossen im vorgeheizten Backofen, Elektroherd 180 Grad, Gas Stufe 3, 1½ Stunden garen. Mit Petersilie bestreut zu Reis servieren.

Erdbeer-Schaumkuchen

100 g Butter, 100 g Zucker, 3 Eigelb, 4 El Milch, 150 g Mehl, 2 Tl Backpulver
Belag: Erdbeeren, Schnee der 3 Eier, 4 El Zucker

Butter schaumigrühren, Zucker und Eigelb dazu, abwechselnd Mehl und Milch, mit dem Rest des Mehles das Backpulver mitsieben. Den Teig in gefetteter Springform backen. Die Eiweiße zu Schnee schlagen, mit 4 El Zucker vermischen, diese Masse auf den fertig gebackenen Kuchen streichen. Mit Erdbeeren belegen, im Ofen noch einmal ziehen lassen. Abgekühlt mit Schlagsahne garnieren.

Glückwunschgeschichte zum 29. Juli

Liebes Geburtstagskind,

als kürzlich an einem wunderschönen Sommerabend meine einzige Ehefrau völlig zerzaust, abgekämpft, derangiert, müde und gelb im Gesicht wieder auf unserer Mini-Terrasse unseres Mini-Gärtchens erschien, nachdem sie mehrere Stunden am Telefon in meinem »Arbeitszimmer« hatte verbringen müssen, wurde mir plötzlich sonnenklar, daß der an sich perfekte Telefonservice unserer teuren Post eine Schwachstelle hat, die ganze Familien ruinieren könnte. Wer heute ein Telefon beantragt oder einen Wiederanschluß nach einem Umzug, der steht staunend vor einem prachtvollen technischen Angebot der Post. Da ich mich selbst unlängst in der grausamen Lage befand, mich zwischen Farben und Formen entscheiden zu müssen, kann ich sehr wohl bestätigen, daß die Post technisch progressiv ist. Aber dann wurde meine Begeisterung doch etwas gedämpft. Und schließlich kam mir jene Erleuchtung, die ich eingangs beschrieb: Es steht für mich nun eindeutig fest, im Telefonapparate-Programm der Post fehlt das Damen-Telefon! Es gibt kein Gerät, das speziell die Fernsprechansprüche unserer lieben Frauen befriedigt. Nach meinen persönlichen, zugegebenermaßen aus natürlichen Gründen rein männlichen Erfahrungen, müßte dieses Damentelefon, das die Post aus Überlebensgründen ihrer selbst und ihrer Kunden unbedingt auf den Markt bringen muß, folgendermaßen beschaffen sein: Wenn es schon ein Gerät sein muß, dann darf es keinesfalls im Arbeitszimmer des Ehemanns aufgestellt werden, ja, es darf sich nicht einmal in dessen Hörweite befinden. Es soll winzig klein sein, sozusagen überall am Körper tragbar, ohne aufzutragen, dabei aber eine übervolle Leistung bringen und weder bei den geringsten hauswirtschaftlichen Arbeiten noch beim Kreuzworträtsellösen oder bei kosmetischen Eingriffen aller Art behindern. Darüber hinaus muß es natürlich vollkommen draht- beziehungsweise schnurlos sein, und es muß selbstverständlich sämtliche Geräusche in der Wohnung oder im Haus klar und deutlich an das Ohr am anderen Ende der Damentelefonleitung übermitteln, damit jener Gesprächspartnerin keine psychischen Schäden entstehen. Außerdem muß es in der Lage sein, Rede und Gegenrede zweier oder mehrerer weiblicher Personen gleichzeitig (!) zu transferieren, ohne daß dadurch Tempo, Verständlichkeit, Einwürfe, spitze Bemerkungen oder irgendwelche feinste Zwischentöne auch nur den geringsten Schaden erleiden, beziehungsweise auch nur ein bißchen in ihrer Qualität und Klangschärfe gemindert werden.

Das Damentelefon muß in jeder Hinsicht robust sein und mehrere Stunden lang schwersten Belastungen mit Erfolg trotzen können. Eine Art Materialermüdung oder gar ein Heißlaufen darf es nie und nimmer geben. Es sollte eigentlich gar kein Gerät im herkömmlichen technischen Sinne sein, das die Benutzerinnen zwangsläufig für einen großen Teil des Tages und der Nacht an einen bestimmten Ort oder gar an einen bestimmten Sitz bindet. Es sollte vielmehr eher in Richtung einer immateriellen, telepathie-ähnlichen Verbindung hin entwickelt werden, die aber dennoch sämtliche Vorzüge des altbekannten Telefons in sich vereinigt, die zusätzlich noch zu den unbedingt notwendigen, in rasender Eile ausgestoßenen Wortfetzen, aber auch Gedankenfülle und Gedankentiefe unverfälscht weitergibt.

Und dieses Damentelefon muß, ich betone *muß,* unbedingt zum Nulltarif betrieben werden können. Weder die Anschaffung, noch die jahrzehntelange Benutzung darf auch nur einen einzigen Pfennig an Kosten verschlingen. Sonst gerät unser ohnehin schon gefährdeter Sozialstaat vollends aus den Fugen.

Ich bin mir durchaus bewußt, daß damit wahnwitzig hohe Anforderungen an unsere Technologie gestellt werden, daß damit ganze Generationen von begabtesten Technikern buchstäblich verschlissen werden könnten. Doch wir müssen dieses Problem energisch anpacken, es könnte entscheidend für den Fortbestand unserer Rasse sein. Bis es soweit ist, habe ich mir einen ganz persönlichen Rettungsanker gebastelt. Ich nenne mein Telefon ab sofort nicht mehr *das* Telefon, sondern *die* Telefon. Es hilft mir, die Lage zu ertragen, wenigstens ein bißchen.

Alles Gute zum 29. Juli
Hansjürgen Jendral

Zitate und Lebensweisheiten

Die Lust hat mich gezwungen
zu fahren in den Wald,
wo durch der Vögel Zungen
die ganze Luft erschallt.

Simon Dach

Wir haben den Mut eines Mannes
nicht nach der Fahne beurteilt, für die er kämpfte.

John Fitzgerald Kennedy

Lesen ohne Denken verwirrt den Geist,
und Denken ohne Lesen macht leichtsinnig.

Konfuzius

Wie war zu Köln es doch vordem
mit Heinzelmännchen so bequem!

August Kopisch

In einer großen Seele ist alles groß.

Blaise Pascal

Taten sind Früchte, Worte sind Blätter.

Aus England

Schön ist nicht, was man sieht,
sondern was man träumt.

Aus Belgien

Der Fortschritt ist absolut humorlos,
weil er den Optimisten ausgeliefert ist.

Heinrich Böll

Tätig ist man immer mit einem gewissen Lärm.
Wirken geht in der Stille vor sich.

Peter Bamm

Im Grunde ist der Mensch nicht ganz schuldig,
da er die Geschichte nicht begann; er ist aber auch
nicht ganz unschuldig, da er sie fortführt.

Albert Camus

Die Welt kann ohne Europa leben,
während Europa ohne die Welt stirbt.

Richard von Coudenhove-Kalergi

Es ist für mein ganzes Leben beschlossen, daß ich
fallen, wieder aufstehen, wieder fallen muß...

Paul Gauguin

Das Glück hilft denen nicht,
die sich nicht selbst helfen.

Sprichwort

Nur Mut, die Sache wird schon schief jehn!

Berliner Redensart

Schau der Furcht in die Augen – und sie wird zwinkern.
Aus Rußland

Wohl gibt es Fürsten,
die nach Wahrheit dürsten;
doch wenigen ward ein so gesunder Magen,
sie zu vertragen.
Friedrich von Bodenstedt

Zum Gaffen hat das Volk die Augen – laßt sie!
William Shakespeare

Dreitägiger Fisch taugt auf keinem Tisch;
und dreitägiger Gast wird einem oft zur Last.
Sprichwörtlich

Stein auf Stein, mit Vorbedacht,
gibt zuletzt auch ein Gebäude.
Johann Wolfgang von Goethe

Hier wendet sich der Gast mit Grausen.
Friedrich von Schiller

Geben ist seliger als Nehmen.
Aus der Apostelgeschichte

Niemals fühlt man sich einsamer
als in großer Gesellschaft.
Herbert Eulenberg

Schöne Gesichter haben viele Richter.   *Sprichwort*

Das allerbeste Zeichen
des inneren Fortschrittes ist es,
wenn es einem in möglichst guter
und hochgesinnter Gesellschaft wohl ist
und in gewöhnlicher immer weniger.

Carl Hilty

Beim Beginne einer Unternehmung
und unweit des Zieles
ist die Gefahr des Mißlingens am größten.
Wenn Schiffe scheitern,
so geschieht es nahe am Ufer.

Ludwig Börne

Ein Bündnis ist fester,
wenn die Verbündeten aneinander glauben,
als wenn sie voneinander wissen.

Friedrich Nietzsche

Ist man noch im Werden,
so halte man sich zu den Ausgezeichneten,
aber als gemachter Mann zu den Mittelmäßigen.

Baltasar Gracián

Die Heilige des Tages
Geschichte und Legende

Martha
Jungfrau und Klostergründerin

Martha war die Schwester von Maria und Lazarus von Bethanien. Sie lebte zusammen mit ihren beiden Geschwistern in dem kleinen Ort in der Nähe von Jerusalem. Maria und Lazarus waren mit Jesus Christus befreundet, der oft im Hause der Familie zu Gast war. Martha, die Hausfrau, umsorgte ihn stets mit großer Aufmerksamkeit und Gastfreundschaft.

Eines Tages, als Jesus wieder einmal in Bethanien zu Gast war, setzte sich Maria zu seinen Füßen und hörte seinen Worten zu. Martha, die sich um das Wohl des Gastes kümmerte, beklagte sich schließlich darüber, daß die Schwester ihr nicht half. Jesus aber antwortete ihr: »Martha, Martha, Du machst Dir Sorge und kümmerst Dich um sehr viele Dinge. Eines aber nur ist notwendig.« Er wollte ihr damit zum Ausdruck bringen, daß auch sie mehr auf die göttlichen Worte hören sollte.

Einige Zeit später erkrankte Lazarus schwer und starb. Martha rief weinend aus: »Herr, wenn Du hier gewesen wärst, wäre mein Bruder nicht gestorben. Ich glaube, daß Du Christus, der Sohn Gottes bist, der in diese Welt gekommen ist.« Als Jesus diese Worte hörte, kam er und erweckte Lazarus wieder zum Leben. Viele Juden ließen sich daraufhin bekehren.

Das Evangelium berichtet von dieser Zeit an nichts mehr über Martha. Es gibt jedoch Überlieferungen, die ein wenig Aufschluß geben über das weitere Leben von Martha. Es ist wahrscheinlich, daß sie zusammen mit Maria und Lazarus nach der Himmelfahrt des Herrn von Juden vertrieben wurde und sich auf ein Schiff begab. Nach wilden Stürmen auf See landeten sie bei Marseille in Frankreich. Dort in der Nähe gründete Martha dann ein Kloster, das als Ursprung des Christentums in der Provence gilt. Viele Jungfrauen folgten dem Ruf des Klosters und führten zusammen mit ihrer Leiterin Martha ein asketisches, demutvolles Leben.

Martha verbrachte 30 Jahre in ihrem Kloster und war glücklich und zufrieden, Gott dienen zu dürfen. Die Legende berichet, daß sie eines Tages nach Tarascon, einem Ort zwischen Avignon und Arles, zog, dort einen gefährlichen Drachen bändigte und ihn an ihrem Gürtel nach Arles führte. Nachdem Martha ein Jahr lang schwer krank daniedergelegen war, starb sie in Frieden, voll Freude auf das, was nach dem Tod kommen würde. Überlieferungen berichten, daß ihr Leichnam in einer Kapelle in Tarascon beigesetzt wurde.

Martha, die als Patronin der Arbeiterinnen, Hausfrauen, Dienerinnen, Gastwirte und Maler gilt, wird abgebildet als Hausfrau, oft mit Kochlöffel, oder man sieht sie, wie sie einen Drachen bändigt. Schöne Bilder gibt es von Tintoretto (Alte Pinakothek in München) und von Velasquez in der National-Galerie in London.

Persönlicher, immerwährender Kalender

FÜR EWIG

Denn was der Mensch in seinen Erdeschranken
Von hohem Glück mit Götternamen nennt,
Die Harmonie der Treue, die kein Wanken,
Der Freundschaft, die nicht Zweifelsorge kennt;
Das Licht, das Weisen nur zu einsamen Gedanken,
Das Dichtern nur in schönen Bildern brennt,
Das hatt ich all in meinen besten Stunden
In ihr entdeckt und es für mich gefunden.

Johann Wolfgang von Goethe

Januar	Februar
1	1
2	2
3	3
4	4
5	5
6	6
7	7
8	8
9	9
10	10
11	11
12	12
13	13
14	14
15	15
16	16
17	17
18	18
19	19
20	20
21	21
22	22
23	23
24	24
25	25
26	26
27	27
28	28
29	29
30	
31	

März	April
1	1
2	2
3	3
4	4
5	5
6	6
7	7
8	8
9	9
10	10
11	11
12	12
13	13
14	14
15	15
16	16
17	17
18	18
19	19
20	20
21	21
22	22
23	23
24	24
25	25
26	26
27	27
28	28
29	29
30	30
31	

Mai	Juni
1	1
2	2
3	3
4	4
5	5
6	6
7	7
8	8
9	9
10	10
11	11
12	12
13	13
14	14
15	15
16	16
17	17
18	18
19	19
20	20
21	21
22	22
23	23
24	24
25	25
26	26
27	27
28	28
29	29
30	30
31	

Juli	August
1	1
2	2
3	3
4	4
5	5
6	6
7	7
8	8
9	9
10	10
11	11
12	12
13	13
14	14
15	15
16	16
17	17
18	18
19	19
20	20
21	21
22	22
23	23
24	24
25	25
26	26
27	27
28	28
29	29
30	30
31	31

September	Oktober
1	1
2	2
3	3
4	4
5	5
6	6
7	7
8	8
9	9
10	10
11	11
12	12
13	13
14	14
15	15
16	16
17	17
18	18
19	19
20	20
21	21
22	22
23	23
24	24
25	25
26	26
27	27
28	28
29	29
30	30
	31

November	Dezember
1	1
2	2
3	3
4	4
5	5
6	6
7	7
8	8
9	9
10	10
11	11
12	12
13	13
14	14
15	15
16	16
17	17
18	18
19	19
20	20
21	21
22	22
23	23
24	24
25	25
26	26
27	27
28	28
29	29
30	30
	31

In der Reihe

Das persönliche Geburtstagsbuch

sind 366 individuelle Bücher erschienen.
Für jeden Tag des Jahres eins.

Jedes Buch enthält eine interessante und
vielseitige Mischung aus informativen Texten
und unterhaltsamen Beiträgen sowie
praktische Tips für den Geburtstag.

*Das ideale Geschenk für viele Gelegenheiten
für gute Freunde und für sich selbst.*

Überall erhältlich, wo es gute Bücher gibt.

Verlag
»Das persönliche Geburtstagsbuch«
8000 München 5